A Civilização

Maia

AS CIVILIZAÇÕES **Pré-Colombianas**

A CIVILIZAÇÃO ASTECA
Jacques Soustelle

A CIVILIZAÇÃO INCA
Henri Favre

A CIVILIZAÇÃO MAIA
Paul Gendrop

Paul Gendrop

A Civilização **Maia**

Tradução:

MARIA JÚLIA GOLDWASSER
Mestre em antropologia social,
Museu Nacional/UFRJ

ZAHAR

Tradução autorizada da terceira edição francesa, publicada em 1985, por Presses Universitaires de France, de Paris, França, na série "Que sais-je?"

Grafia atualizada segundo o Acordo Ortográfico da Língua Portuguesa de 1990, que entrou em vigor no Brasil em 2009.

Título original
Les Mayas

Capa
Sérgio Campante

CIP-Brasil. Catalogação na publicação
Sindicato Nacional dos Editores de Livros, RJ

Gendrop, Paul, 1931-
G295c A civilização maia / Paul Gendrop; tradução de Maria Júlia Goldwasser. — 1ª ed. — Rio de Janeiro: Zahar, 2005.
(As civilizações pré-colombianas)

Tradução de: Les Mayas.
Inclui bibliografia
ISBN 978-85-7110-455-7

1. Maias. I. Título. II. Série.

CDD: 972.01
04-0130 CDU: 94(=821.173)

EDITORA SCHWARCZ S.A.
Praça Floriano, 19, sala 3001 — Cinelândia
20031-050 — Rio de Janeiro — RJ
Telefone: (21) 3993-7510
www.companhiadasletras.com.br
www.blogdacompanhia.com.br
facebook.com/editorazahar
instagram.com/editorazahar
twitter.com/editorazahar

Sumário

Introdução

No século XV, quando se deu a conquista espanhola, dois grandes povos dominavam o panorama cultural da América pré-colombiana: os Astecas, no planalto Mexicano, em direção ao extremo meridional da América do Norte, e os Incas, na região andina da América do Sul. Nos dois casos, estes povos jovens e belicosos constituíam os últimos elos de uma cadeia altamente complexa de civilizações indígenas que se sucederam ao longo de três milênios. Quanto ao antigo México — ou, para ser mais exato, à Mesoamérica, que engloba uma parte do México atual, assim como da América Central —, uma de suas mais brilhantes civilizações antigas foi, sem qualquer contestação, a dos Maias.

No momento, porém, em que os espanhóis — nos altiplanos da Guatemala ou na península do Yucatán — entraram em contato com povos pertencentes mais ou menos diretamente ao ramo maia, já fazia seis ou sete séculos que se extinguira o esplendor clássico maia; e as cidades em ruínas, devoradas pela floresta tropical, estavam na maior parte esquecidas. Será preciso esperar pelo século XIX para assistir à descoberta e exploração sistemática dessas cidades abandonadas e, pouco a pouco, à luz de algumas crônicas dispersas e com o auxílio de ciências como a arqueologia e a etnologia, ver surgir então a imagem de uma civilização, ao mesmo tempo em que se acumulavam hipóteses, por vezes fantasiosas e frequentemente românticas. Quem não ouviu falar, por exemplo, de um antigo Império Maia, verdadeira "Idade de Ouro" na qual um povo laborioso e eminentemente pacífico se teria dedicado, na tranquilidade das cidades protegidas pela floresta densa, com exclusividade à contemplação dos astros? Se um clichê desse gênero não chega a ser falso, não é também menos simplista. Essa a razão por que tentaremos precisar aqui o estado atual de nossos conhecimentos sobre essa questão, situando os Maias no quadro mais vasto da Mesoamérica, visto que pretender estudar os Maias como fenômeno isolado seria tão estéril e inútil como qualquer estudo sobre a Renascença na França que não levasse em conta nem o *Quattrocento* italiano nem a Antiguidade greco-romana.

Detalhe de ornamentação em estuque na base de uma pilastra no Palácio de Palenque. Desenho de Paul Gendrop.

CAPÍTULO I. AS ORIGENS

A presença do homem no continente americano não parece ultrapassar de 30 a 40 mil anos. Portanto, o indígena americano teria suas origens em outros lugares, o que traria uma justificativa suplementar ao emprego da expressão "Novo Mundo". Provavelmente foi a Ásia que forneceu o essencial desse contingente humano, numa época em que os gelos recobriam o estreito de Bhering, constituindo uma imensa ponte que durante milênios permitiu a passagem de contínuas vagas migratórias, atraídas sem dúvida pelos múltiplos recursos dessas terras novas — principalmente a caça. A existência dessa via de penetração pelo noroeste não exclui de modo algum a possibilidade de contatos marítimos se terem produzido, em épocas menos remotas, através do oceano Pacífico, mais provavelmente do que pelo Atlântico.

O conjunto do continente americano tendo sido, desse modo, povoado através dos tempos, ali se descobrem, pouco a pouco, as evidências de uma vida primitiva, cuja subsistência está assegurada pela caça, pesca e coleta de plantas e frutos nativos, atividades às vezes exercidas separadamente por pequenos grupos mais ou menos especializados. A cestaria e a tecelagem de diversas fibras vegetais contam-se entre as mais antigas tradições desses "microbandos". Traços cada vez mais abundantes de artefatos de pedra, sobretudo pontas de projéteis em pedra lascada, permitem-nos reconstituir, como ocorre em Tepexpan e outros sítios do planalto Central mexicano, certas peripécias da caça ao mamute e outras espécies pré-históricas.

O recuo dos gelos, em torno do VIII milênio a.C., acarretará inúmeras modificações radicais. De um lado, interrompida a passagem para a Ásia, o continente americano fica praticamente isolado do resto do mundo e — no que diz respeito ao essencial de sua evolução cultural posterior — entregue a si mesmo, exceto por contatos marítimos muito esporádicos, anteriores à "descoberta" do Novo Mundo. Se essas hipóteses forem exatas, como afirma a maior parte dos especialistas, será necessário, portanto, considerar esses nove ou dez últimos milênios de desenvolvimento cultural pré-colombiano como se tendo produzido quase que inteiramente em compartimento estanque.

1. Os primórdios da vida sedentária e da agricultura

Assim, tendo as transformações climáticas e ecológicas provocado o desaparecimento de numerosas espécies animais e colocado ao homem novos problemas de sobrevivência, assiste-se em muitas regiões da Mesoamérica, a partir de 7000 a.C., a um encaminhamento progressivo no sentido da vida sedentária. Achando-se as possibilidades de caça em geral diminuídas, a coleta tende a se expandir, transformando-se gradativamente em agricultura após muitos milênios. Fazem assim sua aparição, de maneira bastante modesta, entre 7000 a.C. e 5200 a.C., alimentos como o milho, o feijão (marrom ou preto) e certas espécies de cucurbitáceas: a famosa "trilogia" que se encontrará depois à base da dieta mesoamericana, condimentada por pimentas de várias espécies e progressivamente complementada por tomate, abacate e batata-doce, assim como pela mandioca e outros tubérculos, além de certos animais domésticos, como o peru e o *ixcuintli* (variedade mexicana de cão), mais os múltiplos recursos naturais que continuarão a ser extraídos segundo a fauna e a flora de cada região.

Dentre todos esses recursos, o milho se tornará — por excelência — o alimento básico da Mesoamérica, a tal ponto que se lhe atribuirá um papel determinante em certas lendas relativas à criação do mundo e, dentro da mitologia de cada povo, aparecerá deificado sob aspectos bastante diversos, como veremos a seguir. Essa é a razão por que, quando nos debruçamos sobre o problema das origens e domesticação do milho nessas regiões do antigo México, facilmente temos tendência a falar de uma verdadeira "invenção", de um "milagre" do milho. Miraculosa é, de fato, a persistência com a qual, de uma forma sem dúvida mais instintiva do que consciente, o homem soube fazer dessa minúscula planta, através de milênios de cruzamentos e cuidados, as esplêndidas espigas que conhecemos hoje em dia.

A esse processo de domesticação — no qual o próprio homem se torna cada vez mais subordinado à própria planta de que cuida e cujo destino modifica — acrescentemos outro fator que leva o homem a se fixar de maneira permanente: a necessidade que sente de honrar os seus mortos, enterrando seus despojos nas proximidades dos locais de residência. Esse culto dos mortos — que traduz a necessidade de eternidade e implica quase necessariamente a crença em um "outro mundo" melhor — não fará senão afirmar-se inteiramente, codificando-se através dos séculos e se enriquecendo de oferendas cada vez mais abundantes.

Voltemos, porém, aos problemas relativos à melhoria dos recursos alimentares. Das minúsculas espigas de milhos de 3 a 5cm de comprimento, que outrora bastava mastigar quando ainda tenras, passou-se gradualmente, por enxerto, seleção, etc., às espécies maiores e mais bem adaptadas, das quais se extrai, depois do cozimento e por meio de pedras de moer, uma pasta extremamente nutritiva. Paralelamente à diversificação e ao enriquecimento progressivo dos recursos agrícolas e dos instrumentos de trabalho, intensifica-se o fenômeno da sedentarização. Os primeiros vestígios de povoações semipermanentes aparecem entre 3400 e 2300 a.C., na região entre o Tamaulipas, os vales do Tehuacán e de Oaxaca, e a zona lacustre do planalto Central mexicano. É dessa última região, aliás, que provém a mais antiga figura de terracota conhecida na Mesoamérica, e cuja execução remontaria a 2300 a.C., quando essa prática já era conhecida há vários séculos na América do Sul, na zona costeira de Valdívia, no Equador. Embora de aspecto bastante desgastado, essa figura feminina prenuncia pelo menos uma tradição que, dependendo da região, se perpetuará às vezes por longo tempo: ela antecipa, com efeito, as abundantes estatuetas femininas que se encontrarão sobretudo durante o período pré-clássico, e nas quais parece manifestar-se um culto de tipo agrário à fertilidade.

Será necessário, contudo, esperar ainda muitos séculos para se assistir ao surgimento da cerâmica propriamente dita, cuja elaboração irá marcar, com o advento do período dito "pré-clássi-

Quadro Sinóptico

	ÁREA MERIDIONAL	ÁREA CENTRAL		
		PETÉN	PASIÓN-USUMACINTA	MOTAGUA
- 1600	*cer. Barra* Victoria, Altamira	Cuello (Belize)		
- 1400	*cer. Orós*	*cer. Swasey*		
- 1200	Abaj Takalik			
- 1000	*cer. Cuadros, Arévalo*	Barton Ramie		
- 800	Chalchuapa	*cer. Xé* Tikal, Uaxactún, Seibal, Altar de Sacrifícios	**povoamento progressivo das Te**	
- 600	*cer. Conchas, Charcas*	*cer. Mamon*	**e difusão da cerâmica**	
- 400	Izapa; estela 1, altar 2 Kaminaljuyú: túmulos	El Mirador		
- 200	*cer. Usulután, Miraflores*	*cer. Chicanel*		Copán
0	Chiapa Corzo: 2 (-36)	Tikal: túmulos abobadados	Piedras Negras Yaxchilán	
+	El Baúl: 1 (+36)	Uaxactún: E-VII-sub		
+ 200	Kaminaljuyú: 11	*cer. Matzanel*	**difusão da arquitetura monumental,**	
+ 300	contatos cruzados com Teotihuacan	Tikal: 29 (292) Tikal: templo 23	P. Negras: K-5-sub **dos monumentos datados, iconografi**	
+ 400	Kaminaljuyú *cer. Esperanza*	Uaxactún: 5, Yaxhá: 11 Tikal: 4,32 e 31	Tres Islas A. de Sacrifícios (425)	**influência de Teotihua**
+ 500	Escuintla-Tiquisate	*cer. Tzakol* Tikal: 10	Yaxchilán: lint. 48 (525)	Copán: 10-12 (?)
+ 600			Toniná: altar (554)	**tempo de estagna** Copán: 7 (612)
	Cotzumalhuapa	*cer. Tepeu-1* Tikal: complexos gêmeos	P. Negras: J-29-A (623) Palenque: cripta (683) Palenque: templo Croix (692)	Copán: cômputo dos "meses" lunares (69 Quiriguá: T (692)
+ 700	migrações "Pipil"	Tikal: templo I (702) *cer. Tepeu-2*	Yaxchilán: 18 (731?)	Copán: F (721) Copán: A et B (731)
		Tikal: templo IV (741) Tikal: t. Inscrições (766)	Yaxchilán: templo 33 (756) P. Negras: lint. 3 (761) Bonampak: pinturas	Escala Hieroglífica Quiriguá: E (771) zoomorfo P (795) Copán (801) Quiriguá
+ 800		Tikal: templo III (810)	Yaxchilán (807) P.N. (810)	(810)
	Cotzumalhuapa	*cer. Tepeu-3*	Seibal: elementos híbridos (849-889)	
+ 900	novas migrações, influências do planalto mexicano	Tikal: 11 (869) Uaxactún: 12 (889)	Toniná (909)	
+ 1000		Barton Ramie		
+ 1100				
+ 1200	*cer. Tohil-Plumbate*	**declínio brusco, seguido de abandono mais ou me**		
+ 1300	sítios fortificados:	Topoxté		
+ 1400	Cahyup, Iximché,			
+ 1500	Mixco Viejo etc.	Tayasal		

ÁREA SETENTRIONAL					
RÍO BEC-CHENES	PUUC	OUTRAS REGIÕES			
			- 1600		PRÉ-CLÁSSICO
			- 1400	pré-clássico antigo	
			- 1200		
			- 1000	pré-clássico médio	
xas			- 800		
	Maní (cenote)	Dzibilchaltún	- 600		
cán		Yaxuná	- 400	pré-clássico recente	
ibilnocac	Loltún (caverna)		- 200		
. Rosa Xtampak		Chichén Itzá	0		
	Xcalumkín		+		
culto da estela-altar,			+ 200	protoclássico	
ecán: fortificações	Edzná	Acancéh: pirâmide de máscaras	+ 300		
:					
Becán		Acancéh: friso estuque Yaxuná, Cobá (435)	+ 400	clássico antigo	CLÁSSICO
	Oxkintok (475)		+ 500		
"hiatus"		Tulum: 1 (564) Cobá: 6 (613)	+ 600	(clássico médio)	
cán, Río Bec,	Edzná: 9 (669)	Aké, Izamal		clássico	
uhil, Chicanná	Xcalumkín	Dzibilchaltún	+ 700	recente	
chob	Sayil				
	Xcalumkín:	Cobá			
ibilnocac	Série inicial (758)				
Rosa Xtampak	Xkichmook	Chichén Itzá	+ 800		
	Sayil				
	Labná	Chichén Itzá (889)		(clássico terminal ou transição)	
	Uxmal, Kabáh (1007)	Q.R. (909) Itzá (918-987)	+ 900		
			+ 1000		PÓS-CLÁSSICO
al	dinastia Xiú em Uxmal	hegemonia de Chichén Itzá (fase maia-tolteca)	+ 1100	pós-clássico antigo	
			+ 1200		
		(1224)			
	Maní e outros Estados rivais	hegemonia de Mayapán	+ 1300		
		(1461)	+ 1400	pós-clássico recente	
		Tulum	+ 1500		

co" ou "formativo", o acesso de novos grupos a um certo modo de vida sedentário. As etapas evolutivas dessa transformação estão ainda muito longe de serem conhecidas, e é apenas de modo aproximativo que se fixa a fase pré-clássica "antiga" entre os anos 1800 e 1300 a.C. À altura de 1500 a.C., não somente se multiplicam os povoados semissedentários nas regiões já mencionadas, como ainda outros haviam feito, ou logo fariam, sua aparição nos atuais Estados de Veracruz e Tabasco (no litoral do golfo do México) e na parte meridional da área Maia (sobretudo na encosta do Pacífico do Chiapas, da Guatemala e de El Salvador), de onde continuarão a se expandir, durante o "pré-clássico médio" (1300 — 800 a.C.) em direção ao norte de Belize, assim como para as zonas lacustres das planícies centrais e para alguns pontos isolados da península de Yucatán. Com toda a objetividade, portanto, está fora de questão, nessa fase, falar de uma civilização, "maia" propriamente dita, pois o povoamento da área maia apenas iniciava seu período de gestação, e os raros povoados semipermanentes inauguravam eles próprios um modo de vida ainda muito rudimentar.

2. O impacto olmeca

Entretanto, é essa mesma fase pré-clássica "média" que irá contemplar, na região pantanosa do golfo do México (nos limites entre os Estados de Veracruz e Tabasco), a primeira chama cultural espetacular na Mesoamérica: a dos Olmecas, que não somente influenciará, com sua marca profunda, um grande número de povos contemporâneos, como também suas reminiscências atuarão como poderoso fermento cultural que se reencontrará, séculos mais tarde, como ponto de partida do grande impulso clássico, aí compreendido o dos Maias.

Precariamente conhecidos até 1940, a partir daí os Olmecas se tornaram objeto de estudos bem avançados, a tal ponto que, talvez por reação, se adquiriu a tendência a superestimá-los, atribuindo-lhes papel exclusivo e determinante como "cultura matriz" em face do mundo clássico ulterior. Certamente, não é chegado ainda o tempo para uma justa avaliação, em vista do estado exageradamente fragmentário de nossos conhecimentos sobre muitas fases da evolução mesoamericana. Contudo, é forçoso admitir que, por enquanto, comparado aos demais complexos culturais de seu tempo, o fenômeno olmeca só pode ser classificado como extraordinário. Com efeito, lá onde, entre os anos 1500 e 1200 a.C., se encontravam na Mesoamérica apenas uns raros núcleos de povoamento agrícola capazes de sustentar uma economia relativamente estável, uma estrutura social atingindo o estágio tribal e um esboço de religião (do gênero "xamanístico"), escassamente ultrapassando o simples culto dos mortos, tem-se a impressão de um fantástico "salto adiante", de uma profunda explosão cultural, ao vermos surgir subitamente, entre os anos 1200 e 900 a.C., os primeiros centros cerimoniais olmecas, como San Lorenzo e La Venta.

Situados nessa região de terras baixas e pantanosas, sobre elevações de terreno, podendo transformar-se eventualmente em ilhotas no período das cheias, esses centros cerimoniais já testemunham um gigantesco esforço de terraplenagem, modificando, às vezes profundamente, a topografia natural. Transporta-se no dorso dos homens o barro das ribanceiras para confeccionar adobes, nivelar esplanadas, aplainar terrenos ou dar forma a uma "pirâmide"; preveem-se reservatórios artificiais para as estações secas, comunicando-se entre si, algumas vezes em níveis diferentes, por meio de uma rede de canais constituída de grandes elementos em pedra trazidos das montanhas mais próximas, distando às vezes de 100 a 150km em linha reta, à custa de esforços consideráveis.

Enormes blocos de basalto, atingindo de 15 a 25 toneladas, são arduamente extraídos das pedreiras; depois transportados, não menos penosamente — por meio de alavancas, toras e cordas — até as embarcações destinadas a transportá-los, por via fluvial ou marítima, ao canteiro de obras, onde serão entalhados e depois polidos sem auxílio de qualquer instrumento metálico, pois a tecnologia mesoamericana, como se verá, jamais ultrapassou o estágio equivalente ao "Neolítico". Quantos meses, anos talvez, foram necessários aos escultores olmecas para produzir as famosas cabeças colossais, os "altares", as "estelas" e outras esculturas monumentais, cuja qualidade de execução em nada deixa transparecer suas terríveis limitações técnicas?...

A escultura em alto-relevo e em baixo-relevo, que se conta entre as mais antigas e perfeitas expressões monumentais da arte pré-colombiana, constitui um dos fenômenos marcantes da revolução cultural olmeca e faz parecer bem modestas, comparativamente, as figuras de argila moldadas por certos povos contemporâneos. E se acrescentarmos à escultura também o trabalho em pedras duras de grão fino, tais como o jade, a jadeíta, a serpentina e a dorita, com as quais se fazem estatuetas admiravelmente polidas, sem falar em uma cerâmica muito elaborada para a época, além das primeiras estatuetas ocas em terracota, compreenderemos o impacto que essa arte olmeca produziu, levando-se em conta não somente a novidade de seu aspecto, mas ainda, e sobretudo, seu conteúdo esotérico e suas implicações sociopolíticas.

Pois uma metamorfose tão profunda e tão rápida sequer encontrou paralelo na Mesoamérica. De uma estrutura tribal mais ou menos estável (e relativamente igualitária, ao que parece), temos a impressão, na "área nuclear" olmeca, da súbita passagem a um estágio de "chefias" ou de "Estado", emergindo lá onde uma certa elite dirigente controla, com punhos de aço, o trabalho de uma mão de obra abundante. Poder-se-ia explicar de outra forma a eclosão ordenada e planificada desses sítios olmecas que, em muitos aspectos, e apesar de uma arquitetura feita de simples terra compactada, representam os primeiros verdadeiros cerimoniais mesoamericanos?... Em La Venta, por exemplo, encontra-se sobre o eixo central norte-sul, na extremidade de uma grande praça cerimonial delimitada a cada lado por duas longas plataformas simétricas, uma gigantesca "pirâmide" de 120m de diâmetro e 30m de altura, inteiramente feita pela mão do homem, e cuja forma (aparentemente intencional) sugere a de um cone vulcânico erodido. Confrontando-a, na outra extremidade da praça, a aproximadamente 150m de distância, eleva-se uma pirâmide de dimensões mais modestas, constituída por elementos em degraus, que prefiguram a maior parte das pirâmides mesoamericanas ulteriores, cujo acesso se faz através de uma vasta plataforma elevada, apoiada à fachada principal e cercada por uma paliçada.

Esse exemplo, por si só, anuncia bem os princípios do urbanismo clássico mesoamericano, ou seja, a organização dos grandes espaços exteriores. Em outras palavras: a arte de manejar as massas — isto é, pirâmides, plataformas e montículos diversos — de modo a enquadrar e definir as praças e os locais cerimoniais (as manifestações públicas do culto mesoamericano se realizavam invariavelmente ao ar livre); o *tianguis* ou mercado a céu aberto, assim como outros espaços destinados às atividades cívicas ou rituais (tais como os campos para jogos de bola, cuja existência, naqueles tempos remotos, é ainda bastante contestada); o emprego de uma simetria relativa e de grande eixos visuais, apontando com frequência no sentido de um elemento particularmente importante, implicando, provavelmente, a orientação mesma de certos eixos uma astronomia emergente desde esta época. Acrescentemos a isso o sentido geralmente equilibrado das proporções (mais evidente no urbanismo do que na escultura) e uma aptidão para gerir o monumental. Observemos, a propósito, que a pirâmide, a qual constitui a expressão por excelência desse cerimonialismo monumental, já se acha presente. Destinada antes de tudo a realçar o santuário, ela domina, com sua massa imponente, as demais construções, não sendo ainda naquele momento o templo propriamente dito, nem os "palácios" nem outros espaços cobertos mais do que simples tendas feitas de materiais perecíveis, como deveriam, aliás, permanecer durante mais de um milênio, até praticamente o alvorecer do período clássico.

Basta reconstruir de forma hipotética as grandes tendas ricamente decoradas e recolocar as esculturas monumentais nos antigos locais cerimoniais ou ao longo dos principais eixos visuais para se imaginar o quadro dentro do qual se movimentavam as multidões que, abandonando por certo tempo sua cabana e sua *milpa* (ou campo de milho), acorriam através de quilômetros ao centro, fosse para trocar seus produtos na praça do *tianguis*, onde às vezes podiam obter objetos trazidos de regiões afastadas, seja para se reunir junto a uma pirâmide ou a plataforma cerimonial a fim de assistir às diversas manifestações do culto — ou delas participar —, como nas procissões, danças rituais, sacrifícios etc. Animado momentaneamente por essa presença e por esse rumor, o centro cerimonial recai em seguida na calma dos dias comuns, então habitado de modo permanente (ou rotativo?) apenas pelas famílias da elite dirigente, combinando talvez funções civis e religiosas, como também alguns guerreiros, artesãos (e comerciantes?), servidores e escravos.

Tem-se discutido muito sobre a existência, desde essa época, de uma sociedade de estrutura teocrática, que seria já, em essência, o modelo reputado como dominante no mundo clássico. Se essa questão ainda permanece nebulosa, podemos ao menos arriscar algumas observações gerais sobre as mudanças ocorridas entre 1200 e 900 a.C., sob influência direta ou indireta dos Olmecas. É então, com efeito, que se assiste à instalação — ou à consolidação definitiva — de inúmeros mecanismos que desempenharão papel determinante dentro do "sistema mesoamericano", tal como o enriquecimento dos recursos alimentares tanto pela intensificação e diversificação da agricultura como pela troca inter-regional de produtos; a diversificação progressiva das atividades, conduzindo a certas formas de especialização e a uma estrutura social mais complexa, mais hierarquizada, e onde intervém a busca do prestígio junto com a aquisição de produtos de luxo trazidos às vezes de regiões extremamente distantes (como testemunha a "rota do jade", que se estendia para o oeste até a bacia do Balsas, no Guerrero, e para o leste, ladeando a costa do Pacífico, até a bacia do Motagua). Mencionemos, além disso, os inegáveis progressos no domínio da tecnologia, das artes plásticas, do urbanismo etc., assim como os prováveis primórdios de uma astronomia (associada à utilização de um calendário e à cristalização de certas concepções religiosas).

Ultrapassando o estágio do simples xamanismo, os Olmecas criam uma mitologia poderosamente dominada por um ser semihumano, semifelino — o "homem-jaguar", do qual derivarão, talvez, no meio de outros povos, divindades como o deus da chuva (o Cocijo dos Zapotecas, o Chac dos Maias, o Tláloc do altiplano mexicano ou o Tajín de Veracruz setentrional) ou as numerosas divindades do milho e da vegetação. Alguns autores chegam ao ponto de identificar, na iconografia olmeca, divindades mais sofisticadas (como Xipe, deus da primavera e da renovação, revestido

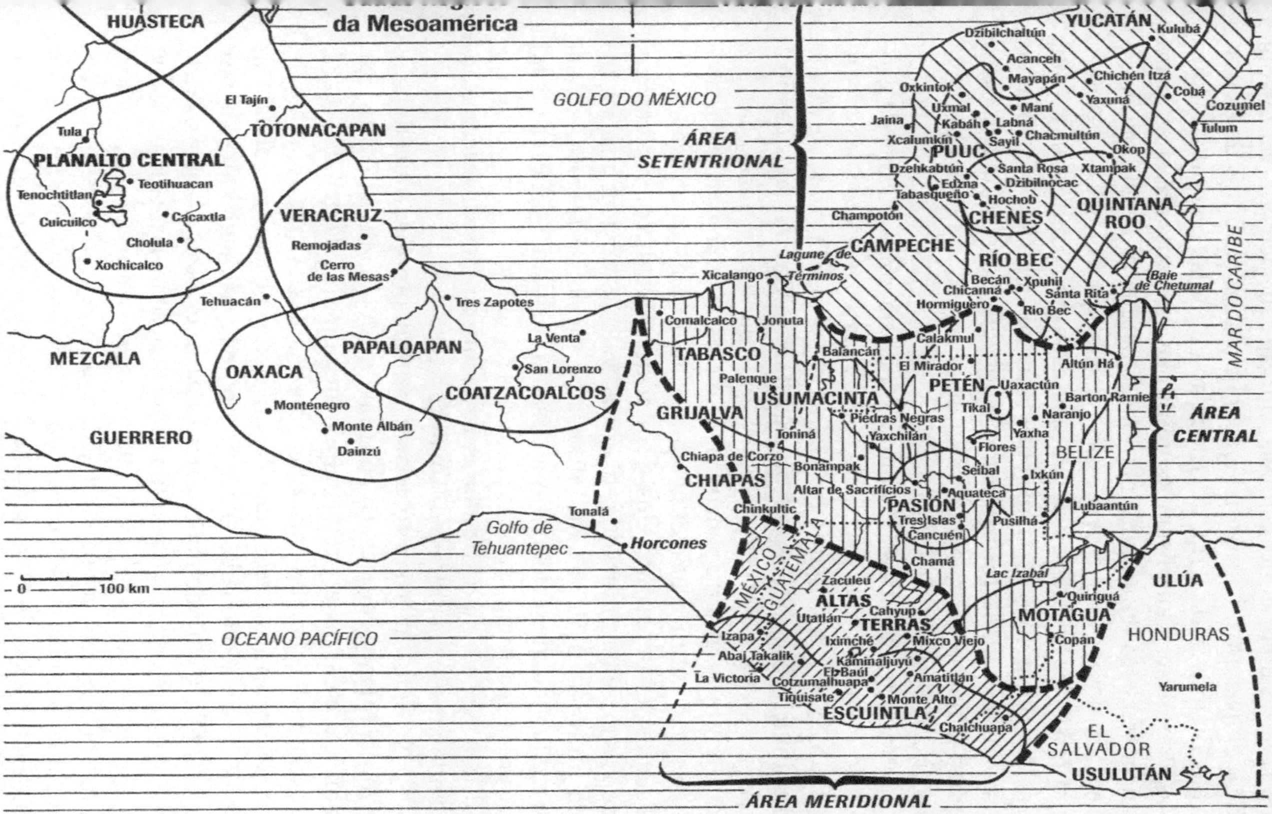

Mapa da área maia e do restante da Mesoamérica, mostrando os limites aproximadados das grandes províncias estilísticas e de outras regiões mencionadas no texto. De Paul Gendrop.

da pele de uma vítima esfolada; ou Ehécatl, deus do vento com bico de pássaro). Outros nele reconhecem os atributos da Deusa-Mãe, divindade da terra, associada ao culto das cavernas, lugares sagrados que simbolizam as múltiplas gargantas abertas pelas quais se chega ao mundo inferior... Qualquer que seja, porém, a verdade no que concerne a essas "discussões teológicas", temos a impressão exata, desta vez, de nos estarmos confrontando com entidades mitológicas de nível nitidamente mais elevado, tanto por sua complexidade formal como pelo poder evocador que delas emana, muito além de um simples culto de ancestrais ou da fertilidade.

Após termos passado em revista os traços essenciais da evolução cultural olmeca, veremos como certos aspectos dessa contribuição se fazem sentir em outras regiões, seja como resultado de simples troca, seja sob a pressão de invasões militares destinadas a assegurar "cabeças de ponte" ou "pontos de troca". É assim que, entre as vias de penetração olmecas mais importantes, uma delas se comunica pelo sul com o planalto Mexicano através dos Estados de Puebla e Morelos, de onde desce em direção a Guerrero, depois de se ter bifurcado próximo ao vale do México; uma segunda atravessa a Sierra para alcançar a região de Oaxaca; e uma terceira — a que mais nos interessa no caso atual — atinge o sul da área maia, onde se divide em várias ramificações, uma das quais ultrapassa mesmo as fronteiras habituais da Mesoamérica, avançando até a Costa Rica e o Panamá.

No que diz respeito à área central propriamente dita, as primeiras etapas do avanço cultural de 1200 a 900 a.C. entre San Lorenzo e La Venta, prosseguindo até aproximadamente 400 a.C. em outras localidades, tais como Tres Zapotes e Cerro de las Mesas. Se desde o início as influências olmecas no exterior afetam as regiões já mencionadas, no geral, porém, não será antes da fase "recente" do período pré-clássico (a partir de 800 a.C. e até o início de nossa era), após um período de incubação mais ou menos longo segundo as várias regiões, que se farão sentir as repercussões profundas dessa contribuição, dando origem a novas tradições regionais, embrião das civilizações clássicas. Assim, no vale do México, apesar da clara presença olmeca em Ayotla e Tlatilco, o imponente centro cerimonial de Cuicuilco, cuja grande pirâmide de 150m de base prenuncia Teotihuacán, desponta apenas nos anos 600 a.C., enquanto no vale de Oaxaca, superando as demais regiões, Monte Albán empreende, entre 800 e 600 a.C., uma longa e frutífera trajetória cultural cobrindo aproximadamente dois milênios, que constitui um recorde na Mesoamérica. Entre os Maias, por fim, desabrochando subitamente, o período de gestação é ainda mais complexo do que no vale do México, como veremos a seguir.

3. Antecedentes da civilização maia

É chegado o momento de falar dos Maias, começando por uma visão geral das regiões onde irá se desenvolver sua civilização (ver o mapa da página 19). Situada na confluência entre a América do Norte e a América Central, tendo por eixo a península de Yucatán, a região maia apresenta, do ponto de vista geográfico, duas grandes divisões designadas comumente com os nomes de Terras Altas e Terras Baixas, sem mencionar as "sub-regiões". Do ponto de vista de sua evolução cultural — e será desta terminologia que nos serviremos daqui por diante —, está subdividida em três partes: meridional, central e setentrional. A *área meridional*, que compreende essencialmente as Terras Altas da Guatemala, de clima temperado e úmido, assim como a faixa muito úmida da costa do Pacífico, estende-se do Chiapas a El Salvador. Essa zona meridional, apesar da fertilidade e dos numerosos recursos naturais, das facilidades de comunicação e do papel particularmente determinante que desempenhou durante as fases formativas da civilização maia, não figura além do período clássico senão de maneira marginal, a tal ponto que muitas obras consagradas à civilização maia dispensam-se de lhe fazer referência.

As Terras Baixas (situadas na maior parte abaixo de 600m de altitude e raramente ultrapassando os 100 ou 200m) dividem-se em duas partes: as Terras Baixas do Sul, *ou área central*, cobertas quase exclusivamente por uma floresta tropical mais ou menos densa e muito úmida, estendendo-se desde a planície costeira de Tabasco (no golfo do México) até Belize e Honduras, no litoral do mar do Caribe, passando por Petén (que ocupa todo o Norte da Guatemala), verdadeiro coração do mundo maia clássico; e as Terras Baixas do Norte, ou *área setentrional*, representando praticamente toda a península de Yucatán, essa enorme formação calcária, apenas ondulada em algumas partes e quase totalmente desprovida de cursos de água superficiais, na qual se passa progressivamente do clima úmido para o clima árido, na medida em que nos deslocamos em direção a noroeste.

É nessas Terras Baixas — embora bem menos favorecidas pela natureza — que se produziu, em todo o esplendor e diversidade, o fenômeno clássico maia, e sobretudo (no que concerne a alguns de seus aspectos mais característicos) na área central, que alguns autores consideravam ainda há pouco tempo como o domínio quase exclusivo de um "antigo Império Maia", enquanto a área setentrional se via reduzida injustamente à condição de sucessora tardia ou simples teatro de um efêmero "Novo Império". Teremos mais tarde ocasião de retomar esse assunto. Voltemos por ora às origens dessa civilização.

Como vimos, as primeiras aldeias semipermanentes em território maia não antecedem de muito o ano 1500 a.C. Uma das mais antigas manifestações artísticas dessa vida sedentária é o surgimento dos estilos de cerâmica denominados "Barra" e "Ocós", originários das regiões costeiras do Chiapas e da Guatemala; estilos que se distinguem pela forma esférico-achatada e pela rica ornamentação em estrias. É então que se intensifica, em direção a El Salvador, esse processo de sedentarização; novos grupos emigram então para Belize e outros pontos isolados das Terras Baixas, especialmente ao longo dos cursos de água ou ao redor de lagos e lagunas. Salvo, porém, umas raras exceções, será necessário aguardar o início da fase pré-clássica recente (em torno de 800 a.C.) para assistir a um povoamento mais intensivo e generalizado das Terras Baixas onde, um milênio depois, florescerá a civilização clássica.

Os povos que constituíam o grupo maia provinham, aparentemente, do oeste dos Estados Unidos, tendo-se estabelecido na área meridional maia no III milênio a.C. Falavam, em sua origem, um idioma da família do Totonaque e do Zoque. Durante o período pré-clássico, enquanto um ramo se separava para se fixar a noroeste do golfo do México, onde se transformaria nos Astecas, outros grupos começavam a ocupar as Terras Baixas, dando origem ao Yucateca (que deveria continuar sendo falado em toda a península de Yucatán) e a outros ramos, dentre os quais o Chol e seus derivados. O Chol seria provavelmente a língua básica da área central, deslocando-se o Tzeltal em direção a oeste e conservando-se o Quiché como ramo principal das Terras Altas. Portanto, podemos supor, mesmo ao risco de simplificar, que durante o período clássico a área central falava essencialmente dialetos derivados de um tronco comum Chol, enquanto o Yucateca dominava a totalidade da área setentrional.

Desde os anos 600-400 a.C., uma simbiose parece ter-se operado entre três regiões: a área olmeca, Monte Albán (no vale do Oaxaca) e o sul da área maia. Desse fenômeno, que se prolongará até aproximadamente o início de nossa era, a área olmeca sairá definitivamente diminuída de sua preponderância cultural e política, e verá sua própria identidade diluir-se aos poucos em benefício frequente de outras regiões, que reforçarão suas tendências particularistas. Assim, Monte Albán se distinguirá durante essa fase por um impulso vigoroso, dominando por certo tempo, ao menos em parte, o panorama cultural mesoamericano.

Rivalizando com os últimos centros cerimoniais olmecas — tais como Tres Zapotes e Cerro de las Mesas —, Monte Albán efetivamente empreende, a partir dessa época, o remanejamento do cume das montanhas que se elevam acima do vale de Oaxaca, aplainando gigantescas esplanadas artificiais e construindo os primeiros edifícios "sólidos" do que se tornará, através dos séculos, o mais impressionante centro cerimonial e, ao mesmo tempo, uma das maiores necrópoles da Mesoamérica. Utilizando a pedra para consolidar os montículos artificiais e para construir os primeiros esboços de muros e colunas, desenvolvem também o emprego da argamassa de cal, assim como do estuque para revestimentos exteriores. Por essa época, e de forma bem mais clara do que entre os Olmecas, aparecem aí muitos deuses nitidamente diferenciados, todos masculinos: Cocijo, o deus da chuva; Pitao-Cozobi, o deus do milho (e seus animais totêmicos, o jaguar e o morcego); Hue-

huetéotl, o velho deus do fogo; Xipe, o deus que se recobre da pele de uma vítima esfolada; e Quetzalcóatl, a serpente de plumas. Finalmente, sobre certos baixos-relevos de "Dazantes" e outros monólitos esculpidos, figuram os primeiros textos glíficos conhecidos da Mesoamérica (enquanto certos monumentos olmecas mais antigos, em contraste, mostram somente esboços de glifos).

Figura 1. Estatueta da ilha de Jaina, representando uma divindade maia que emerge de uma flor. Desenho de Rosario Morales Casas.

A área maia meridional inaugura, por sua vez, seu período mais fecundo. Desde Chiapa de Corzo, Tonalá e Izapa (no Chiapas), até Chalchuapa (em El Salvador), passando por Abaj Takalik, Chocolá, El Baúl, Monte Alto e Kaminaljuyú (na Guatemala), implanta-se um cerimonialismo monumental que, sob vários aspectos, será o prelúdio do fenômeno clássico maia das Terras

Baixas, ao mesmo tempo em que constituirá o elemento de ligação com a herança olmeca. As recentes descobertas em Abaj Takalik atestam significativamente esse processo. Entretanto, essa fase, que vai de aproximadamente 600 a.C. até 150 a.C., com frequência designada (talvez incorretamente) pelo nome de "Izapa" — um dos seus locais mais representativos — apresenta desse cerimonialismo um número expressivo de características próprias, algumas das quais variam de um sítio a outro. Dois grandes centros cerimoniais distinguem-se durante essa fase por sua atividade criadora: Izapa, por sua série ininterrupta de monólitos esculpidos em baixo-relevo, e Kaminaljuyú, pela amplitude e pelo número de montículos, que o tornam um dos mais importantes sítios pré-clássicos.

Desde o início desse período, Izapa começa a erigir estelas (geralmente acompanhadas de "altares"), costume que parece provir em linha direta dos Olmecas. Como acontecia entre estes, os contornos dos blocos de basalto não necessitam ser regulares, ainda que, devido à sua face plana e ampliada, mais sua silhueta quase sempre alongada e vagamente arredondada no cume, essas estelas já anunciem o protótipo maia clássico. Conservam, não obstante, um "sabor" muito olmeca em relação a determinadas convenções artísticas, ou seja: a representação das pernas e a atitude geral de seus personagens; as máscaras com sobrancelhas "espantosas" e o lábio superior fortemente marcado, com frequência proeminente, cujas comissuras se recurvam para baixo, à moda dos perfis olmecas do homem-jaguar" ou do "dragão"; a frequência dos sinais em "U" ou de faixas diagonais (paralelas ou em forma de cruz); a presença de animais mitológicos combinando traços de serpente, jaguar e seres voadores; o próprio dinamismo das cenas, que demonstram, entretanto, um caráter anedótico mais acentuado do que na arte olmeca. As cenas, por outro lado, são compostas de forma mais flexível; e um dos traços distintivos desse estilo "Izapa" é a abundância de elementos — lábios, sobrancelhas, olhos em espiral e outros motivos — terminando em volutas, assim como um certo caráter geral curvilíneo, "ondulante", que prenuncia a sensualidade da arte maia da área central. Notemos, por fim, nas cenas fortemente impregnadas de uma atmosfera mística e em geral encerradas entre uma faixa superior "celeste" e um plano inferior "terrestre", a presença de seres alados ou personagens fantásticos que parecem descer do céu, ou cuja fisionomia, inclinando-se para baixo, contempla a cena a partir do ângulo superior.

Contrariamente à tradição olmeca, o alto-relevo está ausente aqui (como aliás continuará entre os Maias do período clássico) com exceção de uns poucos altares zoomórficos de Izapa, de pequenas esculturas em forma de cogumelo, de "silhuetas" de contornos entalhados e de grandes monólitos da região de Monte Alto, cujo estilo, embora bastante tosco, liga-se apenas muito vagamente aos padrões olmecas. Trata-se portanto, e essencialmente, de uma arte do baixo-relevo que, embora antecipe certos aspectos da arte maia propriamente dita, possui um estilo nitidamente à parte. Com variantes locais, esse estilo atinge a plenitude no início de nossa era, refluindo seus traços vigorosos, por um fenômeno de *feedback,* até a região olmeca em Monte Albán, e até mesmo além, em Chalcatzingo, no Morelos. Se Izapa se distingue pelo dinamismo de suas cenas mitológicas, Kaminaljuyú — com suas representações mais próximas do indivíduo, onde já se pressente uma inclinação marcada para as plumas e outros ornamentos corporais — impõe-se pela qualidade estética de suas estelas e prenuncia mais diretamente a arte das Terras Baixas.

Do ponto de vista arquitetônico — embora suas construções sejam feitas ainda de simples terra compactada à maneira olmeca —, Kaminaljuyú ultrapassa Izapa em número (aproximadamente 200) e volume de montículos artificiais, tornando-se um dos lugares mais impressionantes do final do período pré-clássico (entre 300 e 150 a.C.). Antecipando um costume que logo se estenderá aos Maias das Terras Baixas, algumas dessas construções — que se apresentavam exteriormente como plataformas cerimoniais ou como pirâmides em degraus destinadas a elevar um santuário — escondiam de fato imponentes sepulturas repletas de oferendas de uma riqueza excepcional: objetos diversos, joias em osso, mica, obsidiana, jade etc., assim como centenas de exemplares de cerâmica, constituindo uma das mais belas amostras das suas principais variedades da época: a de estilo "Miraflores", de origem essencialmente regional, e a chamada "Usulután", proveniente da província de mesmo nome em El Salvador, mais a leste.

Durante a fase "Miraflores" — período de afirmação e consolidação cultural por excelência —, encaminha-se a criação definitiva de um sistema de numeração e escrita glífica que desempenhará um papel muito importante no destino da civilização maia, ainda que suas origens pareçam situar-se fora das Terras Baixas, segundo o estado atual de nossos conhecimentos. Embora ainda seja temerário adiantar qualquer afirmação sobre as origens desse sistema tipicamente mesoamericano e único em todo o continente, podemos ao menos assinalar o fato de que os vestígios conhecidos até agora situam-se aproximadamente no interior do triângulo compreendido entre Tres Zapotes (na área olmeca), Monte Albán (em Oaxaca) e Chalchuapa (em El Salvador). Frequentemente tênues, dispõem-se esses vestígios ao longo do I milênio a.C., começando por certos algarismos (barras e pontos), sinais e esboços de glifos ocorrendo de forma intermitente sobre raros monumentos olmecas. A partir de 600-400 a.C., aparecem os glifos sobre numerosos baixos-relevos em Monte Albán, organizados em colunas verticais, às vezes representando algarismos. No início de nossa época, apresentam-se enfim sob a forma convencional, chamada de "Conta-Longa" ou "Séries Iniciais", que se tornará a modalidade corrente entre os Maias desde o início do período clássico, e da qual permanecerão, daí em diante, como detentores praticamente exclusivos.

Assim, paradoxalmente, os primeiros exemplos conhecidos de "escrita" maia aparecem por ordem cronológica: em Chiapa de Corzo, na depressão central do Chiapas, zona considerada marginal, a oeste da área maia propriamente dita (estela 2, datada do ano 36 a.C.); em Tres Zapotes, dentro da região olmeca (estela C, ano 31 a.C.); e em Abaj Takalik (estela 1, ano 40), na área meridional maia; assim como a estatueta olmeca de Tuxtla (ano 162); sem falar de alguns outros monumentos da época em que as inscrições são incompletas ou ilegíveis. Por outro lado, a primeira data conhecida na área maia central (a da estela 29 de Tika) não se antecede ao ano 292, ou seja, 328 anos após a mais antiga data glífica interpretada até o presente. Todavia, convém observar que, se a maioria dos monumentos mencionados liga-se, do ponto de vista estilístico, à arte de Izapa e à fase "Miraflores", nenhuma inscrição glífica desse gênero foi até hoje encontrada entre as próprias esculturas de Izapa; como também não conhecemos em Kaminaljuyú senão vestígios de textos glíficos de interpretação problemática, como é o caso da excepcional estela 10, infelizmente mutilada ao extremo. Contudo, retornaremos depois ao estudo desse sistema de escrita denominado "maia". Antes de continuar, devemos lançar os olhos sobre o que se passava nessa época em outras regiões da área maia e da Mesoamérica a fim de realizar um balanço do panorama cultural às vésperas do florescimento clássico nas Terras Baixas.

No início da nossa era, quando se esvai definitivamente a presença olmeca e Monte Albán prossegue na sua longa trajetória cultural, um novo colosso levanta-se no vale do México, assegurando a substituição de Cuicuilco, no sudoeste do vale, que acabava de desaparecer, tragada por enormes rios de lava. Afirmando desde essa época a sua vocação para o monumental, Teotihuacán se encontra, então, em plena construção de sua pirâmide do Sol, que, com seus 225 metros de base e seu sólido revestimento em pedra e depois em estuque, permanecerá na história mesoamericana como a mais grandiosa jamais edificada em uma única etapa (e não, como tantas outras, em resultado de uma série de adições e superposições). Desde aí, já estão lançadas as bases para um plano urbanístico que fará da "Cidade dos Deuses" não apenas a primeira e mais imponente das verdadeiras cidades que conheceu o mundo pré-colombiano, mas também o mais vigoroso centro cultural e religioso durante a quase totalidade do período clássico, de onde se irradiarão influências em todas as direções, inclusive a área maia. Com Teotihuacán, com efeito, assiste-se à instauração de uma nova ordem de coisas, dentro da qual, após eclipses relativamente breves, o planalto Central mexicano exercerá certa hegemonia, direta ou indireta, sobre territórios mais ou menos vastos. Tal será o caso dos Toltecas, no início do II milênio a.C., e depois dos Astecas, pouco antes da conquista espanhola; sem falar do governo centralizado que se acha plantado no sítio mesmo de México-Tenochtitlán, a antiga capital asteca, desde a época colonial até nossos dias. Curioso o destino do planalto Mexicano: habitado desde os tempos pré-históricos e testemunha dos primórdios da sedentarização, tendo visto suceder-se uma série de povos de origens bastante diversas, parece desde sempre destinado, por assim dizer — e apesar das importantes mudanças ecológicas e das radicais vicissitudes políticas —, a exercer um papel preponderante na história do México. Enquanto ao longe se ergue a majestosa Teotihuacán, alguns lugares pré-clássicos das Terras Baixas maias, enfrentando por certo tempo o desafio de uma natureza particularmente difícil, preparam-se pacientemente para fazer sua entrada na cena mesoamericana, lançando as bases desse fenômeno infinitamente delicado e precioso que foi a civilização maia clássica.

CAPÍTULO II. O DESPERTAR DA CIVILIZAÇÃO MAIA CLÁSSICA

Até o momento, contentamo-nos em observar os Maias do exterior, a fim de mostrar em que contexto cultural geral se produziria a emergência de um fenômeno "maia" propriamente dito. Agora tentaremos aproximar-nos de seu interior, começando com um estudo um pouco mais aprofundado do núcleo de onde partirá, aparentemente, essa ascensão definitiva: as terras mais próximas a Tikal e Uaxactún, em pleno coração da floresta tropical do Petén, na parte setentrional da Guatemala.

Existem poucos exemplos na história da humanidade de uma civilização surgida dentro de um meio natural tão pouco propício como Petén (onde atualmente, aliás, não vivem mais que uns poucos índios Lacandons, sem contar as turmas de *chicleros* que extraem da sapota o látex destinado à fabricação da goma de mascar). Tendo um subsolo essencialmente calcário, revestido de uma fina camada de humo, o relevo enrugado e frequentemente tortuoso apresenta aqui e ali *bajos* ou pântanos sasonais, *aguadas* ou pontos de água frequentemente remanejados pelo homem, uns raros lagos ou lagunas e um número ainda menor de cursos de água. Retalhada por savanas que, segundo certos autores, foram mais abundantes nos primórdios de nossa era, estende-se a mata densa, composta de espécies muito diversas, compreendendo um sub-bosque cerrado de uma altura média de três metros, seguido de uma floresta de árvores cuja altura varia entre 30 e 50m, onde dominam a sapota, o acaju, o figo selvagem, o *ramón* ou árvore da fruta-pão, o *copal*, do qual se extrai a resina que constitui o incenso mesoamericano... enfim, um universo vegetal animado pelos sons de macacos e bandos de pássaros tropicais e atravessado pelo cervo, pelo tapir, pelo *pecari* (porco selvagem) e o jaguar. No calor úmido do sub-bosque, vive um pequeno mundo inquieto de insetos, répteis e anfíbios. Some-se a isso a escassez de recursos naturais, assim como a penúria total deste produto necessário à vida que é o sal, trazido de muito longe, junto com outras tantas matérias-primas, e eis o cenário dentro do qual um povo voluntarioso estava destinado não somente a sobreviver ao longo de muitos séculos, mas também a moldar uma dessas conquistas coletivas do espírito humano que se chama civilização.

Não nos esqueçamos, além disso, de que os Maias, da mesma forma que os demais povos da Mesoamérica, não dispunham senão de uma tecnologia bastante limitada, sob muitos aspectos exatamente comparável ao estágio dito "neolítico", não conhecendo o uso da roda nem do torno, e não dispondo de animal algum de tração. Desconheciam o trabalho em metais, e assim permaneceram até o final do período clássico. Tudo isso, porém, em nossa opinião, não torna senão mais admiráveis as suas conquistas em outros domínios, visto que — por um desses prodígios da inteligência humana, e superando condições muito adversas, tanto naturais como inerentes às suas próprias limitações tecnológicas — os Maias deveriam revelar-se como um dos povos mais bem dotados para a astronomia, como também para certos ramos da matemática, sem contar suas aptidões artísticas.

Desde os primórdios da fase pré-clássica recente (800-600 a.C.), encontram-se traços de ocupação humana — e de cerâmica — em Petén, a começar por sítios como o Altar de Sacrifícios e Seibal (sobre as margens do rio de la Pasión), ou Barton Ramie, no território de Belize, mais a leste. Nos anos 600, Tikal é, por sua vez, povoado, como atestam os restos de cerâmica dessa época, assim como objetos em obsidiana e quartzita, que já nos falam de uma rede de trocas comerciais. A escolha dessa localização em pleno centro de um oceano verde de vegetação, a uns 30 quilômetros do lago Flores, pode-se explicar então, parcialmente, tanto pela posição ligeiramente mais elevada em relação aos *bajos* circundantes como também pela importância dos estratos de sílex, que farão de Tikal um dos principais centros regionais na distribuição dessa matéria-prima.

Só em torno do ano 200 a.C. — quando, na área meridional, Izapa e Kaminaljuyú se encontram no ponto culminante de sua ascensão — é que Tikal parece dispor, enfim, de suficiente vitalidade para se lançar por sua vez ao cerimonialismo monumental, iniciando um extenso processo de remanejamento e ampliação de seu centro cerimonial, processo esse que, desenrolando-se de forma ininterrupta durante um período de dez a onze séculos, a transformará na maior cidade do mundo clássico maia. Trata-se, porém, de uma evolução sobretudo arquitetônica, a escultura monumental não fazendo sua aparição em Tikal senão um milênio mais tarde, de onde o costume se expandirá em seguida para o restante das Terras Baixas. É sobre essa arquitetura, pois, que por enquanto concentraremos nossos interesses, analisando a metamorfose de um conjunto cerimonial dos mais significativos de Tikal: a Acrópole do Norte, dando para a Grande Praça central, e que após ter sido escavada até a rocha nos apresenta hoje em dia a sequência mais explícita e impressionante dessa longa evolução.

Diante desse imenso conglomerado de edifícios (assentados sobre uma vasta plataforma artificial de mais de 10m de espessura, em média), mal podemos imaginar que, em torno dos anos 200 a.C., tudo começara, nesse mesmo local, por uma modesta plataforma artificial a aproximadamente um metro acima da ondulação do terreno. Dali, as cerimônias do culto se tornavam visíveis a uma extensa congregação de fiéis, que provavelmente se comprimia sobre uma série de terraços construídos com essa finalidade, de baixo para cima, possivelmente no lugar onde ainda hoje se situa o Terraço Norte, vizinho à Grande Praça. Apesar da simplicidade, esse local de culto não devia carecer de grandiosidade: em meio a uma vasta clareira (conquistada à custa de não se sabe quantas dificuldades), essa suave escarpa rugosa é parcialmente modelada em sucessivos terraços revestidos de estuque, com um altar em nível mais elevado sobressaindo-se contra uma cortina de árvores, e descendo em rampa bastante brusca sobre um daqueles barrancos que, muito cedo em Tikal, foram trabalhados a fim de se transformarem em grandes reservatórios naturais de água pluvial. Com os ângulos fortemente arredondados, as arestas suavizadas, os ornatos enquadrados junto à base por uma grande moldura horizontal ao fundo, esta plataforma, ainda modesta, afirma todavia tendências estilísticas acentuadamente marcadas.

A partir daí os progressos arquitetônicos vão se desenvolver a um ritmo acelerado. No século I a.C., o modesto altar inicial transforma-se em majestosa plataforma com mais de 2m de espessura, claramente visível da Grande Praça e servindo de base, pelo que se depreende, a santuários feitos ainda quase inteiramente de materiais perecíveis. Aproveitam-se as obras de aterro para sepultar os restos mortais de algum personagem importante, acompanhado de ricas oferendas. Cinquenta anos mais tarde, em decorrência da necessidade de prover esses túmulos de uma cobertura mais resistente, surgem as primeiras tentativas de abóbada em mísula, princípio que se tornará praticamente inseparável da arquitetura monumental maia. Essa técnica de construção consiste em fazer projetar-se, a partir da linha de prumo de dois muros opostos, fileiras sucessivas de pedras de suporte em balanço, que vão se fechando à medida que se aproximam do cume, até que o espaço restante na parte superior possa ser fechado por uma simples fileira de lajes.

Ao redor do ano 1 da nossa era, a plataforma cerimonial já está consideravelmente ampliada, e seus ornatos inclinados já apresentam a sucessão de planos recortados e de ângulos reentrantes que conferem à arquitetura do Petén um aspecto tão característico. Os santuários sobre ela erigidos comportam agora seu próprio embasamento piramidal em degraus, geralmente flanqueados de enormes máscaras em relevo a cada lado da escadaria de acesso. O templo propriamente dito também apresenta, desde essa época, a maioria das características que persistirão até o final do período clássico, com seus muros — afinal em alvenaria —, cujas engenhosas diferenças de nível, visíveis do exterior, atestam o deslocamento de planos e o número de compartimentos, frequentemente dois, existentes no interior. A fragilidade de certos muros e a amplitude relativa dos espaços interiores traem uma construção onde o teto ainda é feito de materiais perecíveis; no entanto, em certos santuários pequenos, de muros mais aproximados, ensaiam-se já timidamente as primeiras abóbadas, cujo princípio, como vimos, deriva da arquitetura funerária.

Enquanto na arquitetura se cristaliza um estilo regional bem determinado, uma nova iconografia se afirma, refletindo ainda certa subordinação diante da arte de Abaj Takalik, Izapa e Kaminaljuyú, que se encontravam ainda, conforme lembramos, no ponto culminante de sua evolução. É mesmo provável que, até essa época, a elite de Tikal tenha provindo da área meridional. Alguns restos de pintura mural desse período em Tikal, assim como grandes máscaras em estuque, ladeando as escadarias da famosa pirâmide "E-VII-sub" de Uaxactún, revelam um estilo ainda mais fortemente influenciado pelas tradições meridionais, além de um longínquo "gosto remanescente" olmeca, cujos eflúvios só se dissiparão bem mais tarde. Se essas influências são perfeitamente compreensíveis em uma época em que Tikal, em pleno coração da área central, é praticamente a única, junto com Uaxactún, a lançar as bases de um novo fenômeno, a balança se inclina cada vez mais em favor de uma total liberação com respeito às ingerências culturais vindas do exterior.

Entre os anos 150 e 250, durante a fase chamada "protoclássica", é que se produz o movimento decisivo para o declínio de Izapa e Kaminaljuyú, marcando o fim da preponderância cultural da área meridional, em favor de Tikal, que irá, por algum tempo, dar tom ao fenômeno que, daí em diante, poderá ser qualificado como plenamente "maia". Além da arquitetura monumental cujos elementos básicos já tinham adquirido consistência, havia muitas gerações, em Petén e provavelmente em outras regiões da área central e do Yucatán, uma nova efervescência se faz sentir nas Terras Baixas, tanto no domínio da cerâmica, como na formulação de uma iconografia inteiramente original. De forma quase insensível, enquanto uma bela cerâmica policromada faz sua aparição, efetua-se a passagem ao período "clássico", assinalado em Tikal por numerosas inovações entre os anos 250 e 300, particularmente significativas na medida em que afetarão o futuro das Terras Baixas.

Por volta de 250, depois de muitas adições e superposições através das quais as edificações antigas foram arrasadas, entulhadas e recobertas gradativamente de novas camadas geológicas (contam-se aproximadamente 15 para essa época, de um total de 20, assim como uma centena de edifícios soterrados!), a Acrópole Norte havia adquirido as dimensões definitivas, justificando plenamente seu nome atual de "acrópole". No cume dessa gigantesca plataforma erigida artificialmente, novos santuários foram sendo construídos, agora sólidos, acusando uma tendência à verticalidade que se acentuaria através dos quase seis séculos de vida clássica. Encimando o teto desses edifícios, aparece uma enorme *cresteria* (cumeeira em telha canal), a qual, sem grandes alterações, permanecerá inseparável da arquitetura religiosa de Petén, vindo a ser adotada, com muitas outras variantes, pela quase totalidade das Terras Baixas. Cabe notar que esse acréscimo, cujos lados se vão reduzindo gradativamente em direção ao cume, e ao qual a rica ornamentação da fachada principal deveria conferir um importante valor simbólico, convém admiravelmente à tendência vertical dos templos-pirâmides dessa região. Por outro lado, é curioso observar que, quanto mais se avança no tempo, mais se retrai o espaço interior desses santuários, cujas peças se reduzem algumas vezes a corredores escuros e estreitos (devido, talvez em parte, à necessidade de suportar o peso considerável da *cresteria* que, em Petén, se apoia, entretanto, quase exclusivamente sobre o muro posterior).

A abóbada em mísula, desde então empregada para cobrir os espaços interiores, começando pelos templos, se difundirá em seguida aos "palácios" e outros edifícios, tornando-se um dos elementos característicos da civilização maia, a tal ponto que, entre outros fatores, sua incidência territorial é frequentemente utilizada como diagnóstico para determinar as fronteiras culturais das Terras Baixas maias; tanto mais que as grandes áreas culturais do restante da Mesoamérica apresentavam uma preferência acentuada pelos tetos planos em terraço, sustentados por travas apoiadas sobre muros leves ou colunas, e cujos primeiros exemplos remontam, ao que parece, aos anos 800-600 a.C., na região de Oaxaca.

Outro fator cultural que se tornará determinante é a adoção pelos Maias do culto do "altar-estela", geralmente associado ao costume de erigir, a intervalos regulares de tempo, monumentos datados conforme o sistema de numeração e escritura glífica. Tendo talvez origens fora das Terras Baixas, esse sistema será, entretanto, levado a um grau extraordinário de precisão nessa região, que dele fará uso quase exclusivo, embora variando em frequência, segundo as localidades. As datas mais antigas registradas na Mesoamérica provêm, como notamos, da área meridional. Dado, porém, o contexto cultural existente durante a fase "Miraflores", parece plausível que também as Terras Baixas tenham participado desse processo criador e que, por diversas razões, seus monumentos datados tenham sido destruídos. De qualquer modo, a primeira data glífica até agora descoberta dentro de um contexto verdadeiramente maia é a que está inscrita sobre a estela 29 de Tikal, Segundo o princípio do "Cálculo Longo", lê-se: "8. 12. 14. 8. 15", o que corresponde, em nosso calendário, ao ano 292. Isso, porém, nos leva a falar do calendário e dos princípios da escrita.

1. A astronomia, o calendário e a escrita glífica

Todos os grandes povos da Mesoamérica sentiram-se poderosamente fascinados pelo mistério do cosmo: a recorrência cíclica e previsível dos fenômenos celestes, o ritmo infatigável das estações e a influência destas nas diversas fases da cultura do milho; o próprio ciclo da vida e da morte, do dia e da noite em sua alternância inexorável mas necessária. Com a finalidade de devassar mais profundamente o segredo dos astros, que para ele representava a vontade dos deuses, o homem mesoamericano moldou, através dos séculos, um aparelho especulativo fortemente complexo. Entregando-se a uma incessante — e angustiante — interrogação sobre os astros, ele mediu, com espantosa precisão, seus movimentos aparentes. Naturalmente, o Sol e a Lua o atraíam mais que tudo, assim como o planeta Vênus, particularmente visível nas latitudes tropicais, onde segue periodicamente o Sol. Desde os primeiros séculos de nossa era (talvez mesmo a partir do grande desenvolvimento olmeca) esses povos possuíram — caso único na história da humanidade — dois calendários dos quais se serviam simultaneamente; um calendário ritual de 260 dias divididos em 13 grupos de 20 dias; e um calendário solar, "vago" ou civil, de 365 dias mais uma fração de que trataremos em seguida, comportando 18 grupos de 20 dias mais cinco dias adicionais, geralmente considerados nefastos. Os dias de cada um desses calendários, permutando-se de forma cíclica segundo uma ordem determinada, termina-

a) b)

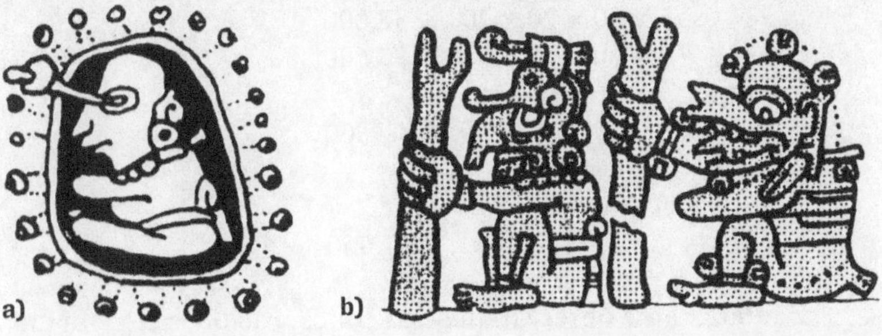

Figura 2. A astronomia maia e a concepção cíclica dos fenômenos **a)** Sozinho, na obscuridade da noite, um astrônomo maia lança o olhar em direção às estrelas; **b)** dentro do ciclo inexorável na vida e da morte, vê-se o deus maia da chuva, Chac, plantando uma árvore, enquanto atrás dele Ah Puch, deus da morte, a corta. Detalhes do *Codex Tro-Cortesianus.* Desenhos de Paul Gendrop.

vam por fazer os dois calendários se reencontrarem no mesmo ponto de partida a cada 52 anos, quando recomeçava o ciclo. Como uma revolução completa de Vênus se efetua em 584 dias, os sacerdotes-astrônomos mesoamericanos, bem cedo ao que parece, se deram conta de que o duplo ciclo de 52 anos coincidia com as 65 revoluções sinódicas de Vênus. Se a essas observações elementares juntarmos a interseção dos movimentos aparentes desses astros mediante a análise das fases lunares e dos eclipses, perceberemos a que ponto esses povos, e muito particularmente os Maias, conseguiram atingir uma precisão incomum em seus cálculos astronômicos.

Para administrar esses cálculos, foi concebido um sistema simples e engenhoso — tendo por base o número 20 — reduzindo-se ao emprego de dois símbolos: o ponto para a unidade, a barra para o cinco, mais um signo em forma de concha alongada equivalente a "zero", ou melhor, significando ausência de valor. Esses signos prestavam-se facilmente à composição de números inteiros, podendo ultrapassar o milhar. Segundo esse sistema mesoamericano, o valor de posição crescia progressivamente, nas colunas verticais, de baixo para cima. Para exprimir, por exemplo, 37.960 (número de dias compreendidos em 104 anos civis de 365 dias), procedia-se da seguinte maneira:

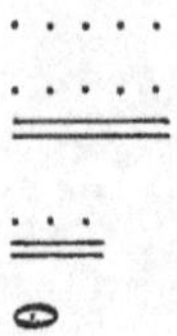

4 x 20 x 20 x 20	= 32.000
14 x 20 x 20	= 5.600
18 x 20	= 360
ausência de unidades (de 1 a 20)	= 0
	37.960

É interessante observar que essa concepção do "zero" foi uma das duas primeiras tentativas desse gênero na história das civilizações antigas. A outra é a mesma de que nos servimos atualmente, tendo igualmente nascido durante o I milênio a.C., no Ceilão, mas só entrando no mundo ocidental muitos séculos depois, por intermédio do Islã... Voltemos, porém, à Mesoamérica e ao modo como as datas eram registradas dentro do sistema de escrita glífica conhecido sob o nome de *Cálculo Longo* ou de *Séries Iniciais*, que os Maias continuariam a aperfeiçoar durante o período clássico.

Nesse sistema de notação — que por motivos práticos utilizava um ano *(tún)* de somente 360 dias, isto é, amputando intencionalmente quase cinco dias e um quarto —, um *Glifo* Introdutor precede a data glífica, fazendo referência a uma data retrospectiva (normalmente 4 Ahau 9 Cumku), dada como ponto fixo no passado. Segundo a opinião da maioria dos especialistas, baseando-se em crônicas recolhidas pelos espanhóis a partir da conquista, essa data fixa corresponde ao ano 3113 a.C. Se a inscrição glífica estiver bem conservada, o restante não será mais que uma questão de aritmética. Assim, a data registrada na estela E de Quiriguá (Figura 3), que se lê 9.17.0.0.0., 13 Ahau 18 Cumku, interpreta-se da seguinte maneira:

9 *baktúns* (1-A), 17 *katúns* (1-B), 0 *tuns* (2-A), 0 *uinals* (2-B), 0 *kins* (3-A), 13 *Ahau* (3-B), 18 *Cumku* (7-B), o que significa:

9 *baktúns*	(ou grupos de 144.000 dias)	= 9 x 144.000 = 1.296.000 dias
17 *katúns*	(ou grupos de 7.200 dias)	= 17 x 7.200 = 122.400 dias

0 *tuns*	(ou grupos de 360 dias)	= 0 x	360 =	0 dia
0 *uinals*	(ou grupos de 20 dias)	= 0 x	20 =	0 dia
0 *kins*	(ou dias compreendidos entre 1 e 20 dias)	= 0 x	0 =	0 dia
				1.418.400 dias

Esse total indica o número de dias decorridos desde o ponto de partida convencional (4 Ahau 8 Cumku do ano 3113 a.C.). Basta uma simples operação para estabelecer a equivalência entre essa data e o nosso calendário atual: esse exemplo, segundo Sylvanus G. Morley,[1] corresponde a 24 de janeiro de 771. Os especialistas, aliás, tendem a designar certas fases pelo seu respectivo número de *baktúns*, ou seja, o ciclo de 144 mil dias. Assim, para se referirem às datas mais antigas registradas na Mesoamérica, falam do *baktún* (ou "ciclo") 7; o *baktún* 8 corresponde aos primeiros anos da fase clássica "antiga", enquanto o *baktún* 9 compreende o essencial da fase "recente" (a "idade de ouro" da civilização maia); e as raras datas que ocorrem no *baktún* 10 situam-se na fase "terminal", que marca o declínio dessa civilização.

Apesar de algumas controvérsias, a decifração das datas glíficas coloca atualmente apenas problemas de detalhes. O mesmo, porém, não se aplica ao restante das inscrições glíficas, que, na maioria, têm resistido até agora às múltiplas tentativas de interpretação por diferentes equipes de pesquisadores (os quais sem dúvida dariam a vida para descobrir o equivalente maia de uma "pedra de Rosetta")... Contudo, pesquisas particularmente interessantes têm sido empreendidas na última geração, graças ao estímulo de especialistas como Heinrich Berlin[2] e Tatiana Proskouriakoff[3]. Seus es-

---

[1] Sylvanus G. Morley. *The ancient Maya*. Stanford, Stanford University Press, 1956.

[2] Heinrich Berlin. "El glifo 'emblema' en las inscripciones mayas". *Journal de la Société des Américanistes*. Paris, 1958, vol.47.

[3] Tatiana Proskouriakoff. "Historical implications of a pattern of dates at Piedras Negras". *American Antiquity*, 1960, vol.25.

Figura 3. Exemplo de data glífica denominada "Cálculo Longo" maia, mostrando uma Série Inicial seguida de uma Série Suplementar: 9.17.0.0.0.13 Ahau 18 Cumku, data equivalente a 24 de janeiro de 771 d.C. Stela E de Quiriguá. *Apud* Sylvanus G. Morley (com permissão da Stanford University Press).

forços voltam-se para a identificação do "glifo-emblema" pertencente a algumas das principais cidades maias da área central, assim como a interessantes interpretações de caráter histórico que dizem respeito a alguns dos personagens ou dinastias que nelas reinaram, cujos exemplos teremos oportunidade de mostrar depois.**

2. Primórdios do período clássico nas Terras Baixas

Voltemos por enquanto a Tikal onde, em 292, erige-se a estela 29, marcando o início de uma longa tradição clássica. Considerável número de elementos dessa estela recorda ainda, inevitavelmente, a arte de Abaj Takalik, lzapa e Kaminaljuyú: a deusa bizarramente mascarada de serpente que, do ângulo superior, vira a face para baixo, e a atitude rígida do personagem central, com máscaras realçando o seu traje e com o lábio proeminente, religando-se a uma longínqua filiação olmeca. Acrescente-se a isso o aspecto cerrado da composição, onde os atributos secundários, destituídos de preocupações quanto a hierarquia, invadem as duas dimensões do baixo-relevo, formando um emaranhado do qual inúmeras estelas do primeiro período terão dificuldades em se libertar. Apesar de tudo sente-se já aqui um estilo que se afirma, e do qual muitas convenções fazem parte de um contexto definitivamente maia: a volumosa barra cerimonial, terminada a cada extremidade pela fantástica cabeça de serpente que tão frequentemente acompanha os grandes sacerdotes maias; e a própria proeminência, em comparação com os elementos mitológicos, do personagem, que ocupa praticamente todo o espaço disponível e nos sugere a emergência de uma casta superior. Não estamos diante do *halach-uinic*, "o homem verdadeiro", aquele que preside aos destinos do comum dos mortais e, ao que parece, acumula com frequência as funções sacerdotais, civis e, por vezes, militares?

Vemo-nos assim em face de uma sociedade maia dentro da qual, desde o início do período clássico, se produz a articulação dos principais mecanismos. No topo da pirâmide social, como intérprete da vontade dos deuses, está o *halach-uinic,* incorporando um poder às vezes rotativo, frequentemente partilhado, de uma nobreza hereditária que distribui entre si os demais cargos religiosos, administrativos, comerciais ou militares. Mais abaixo, em diversos degraus na escala social, situam-se guerreiros, "burocratas", artistas e artesãos especializados na produção de objetos do culto ou de artigos suntuários; depois, os camponeses e o povo miúdo encarregado de tarefas diversas (servidores, carregadores etc.); e finalmente os escravos, extraídos geralmente de dentre os prisioneiros de guerra ou descontados do tributo imposto às regiões conquistadas. Durante os primeiros séculos do período clássico, tem-se a impressão de um sistema bastante flexível, permitindo uma distribuição relativamente equitativa das tarefas pesadas, assim como dos cargos públicos (estes últimos dão acesso a um certo modo de vida que não somente permite o consumo de produtos de luxo, mas — o que é altamente valorizado até hoje entre os Maias — assegura ao indivíduo um certo prestígio).

Um certo tempo será necessário para que esse sistema, regido a partir de Tikal, se estenda à quase totalidade das Terras Baixas. Um pouco por toda parte, entretanto, e às vezes antes mesmo de Tikal, a emergência de uma arquitetura monumental, como em Chiapa de Corzo e em Dzibilchaltún, parece anunciar, da parte de determinados lugares, a vontade de se erigirem em cidades. Por outro lado, entre 150 e 250, o "deslizamento" cultural que — entre outras manifestações de declínio generalizado — marca, na área meridional, o abandono do sistema de escrita glífica em proveito

Figura 4. Príncipe maia recebendo oferendas em presença de um grupo de dignitários. Cena pintada sobre um vaso de Tikal. *Apud* William R. Coe (com permissão do Museu da Universidade da Pensilvânia).

das Terras Baixas, favorece sem dúvida a recrudescência de movimentos migratórios em sua direção. As migrações se intensificarão de 250 a 300 (no advento do período clássico), em especial no momento do êxodo que se seguiria à erupção do vulcão Ilopango em El Salvador. Aproximadamente nessa época, novos sítios, por sua vez, iniciam-se na arquitetura monumental: Piedras Negras e depois Yaxchilán, nas margens do Usumacinta; Yaxuná e Acancéh na parte setentrional da península de Yucatán; e, no centro desta, Santa Roxa Xtampak e Becán (este último construindo então o grande fosso defensivo que se conserva entre as mais antigas fortificações conhecidas na Mesoamérica).

Uma após outra, constituindo incontáveis marcos dentro desse fenômeno de "florescimento" cultural, surgem as primeiras estelas datadas, primeiro nos sítios compreendidos em um raio de 40 quilômetros de Tikal (como Uaxactún, Uolantún, Balakbal, El Zapote, Yaxhá...). Depois, à medida que se avança pelo *baktún* 9 e se distancia do núcleo central, aparecem Cobá e Oxkintok na península do Yucatán (a nordeste e noroeste, respectivamente), Copán a sudeste, Altar de Sacrificios e Tres Islas a sudoeste; e, no sentido oeste, Piedras Negras, Yaxchilán e Toniná. Assim, durante toda a fase antiga do período clássico, entre 300 e 600 aproximadamente — a despeito tanto das distâncias quanto das diferenças de idioma —, vai expandir-se um padrão cultural que dotará a civilização maia de certa unidade de base, ao mesmo tempo em que permitirá a eclosão de uma gama muito rica de expressões locais ou regionais, as quais, na maior parte, alcançarão sua plena maturidade apenas na fase seguinte.

Retornaremos mais tarde aos traços distintivos dessa civilização; fixemos por enquanto que, desde o início do período clássico, certo número de mecanismos já está em operação em toda a extensão das Terras Baixas, a começar por uma rede bastante complexa de trocas comerciais. Por exemplo, para a elaboração dos *metates* (pedras para moer o milho), são trazidos blocos de pedra vulcânica das montanhas maias da região sul de Belize. A obsidiana, indispensável à manufatura de instrumentos cortantes e pontas de projéteis, provém tanto das Terras Altas da Guatemala (sobretudo a variedade cinzenta) quanto do planalto Mexicano, onde, desde os últimos séculos do período pré-clássico, Teotihuacán detém o monopólio da obsidiana verde, a mais apreciada na Mesoamérica. O jade é importado em quantidades muito limitadas da bacia do Motagua, no sudeste, ou de Guerrero, a oeste, enquanto o sílex é extraído a nordeste de Petén. Os pigmentos minerais, destinados principalmente à pintura e à cerâmica, provêm de fontes bastante diversas. Importa-se o sal essencialmente do litoral noroeste da península de Yucatán, assim como de algumas salinas situadas ao sul, nas proximidades das Terras Baixas. As conchas, carapaças de tartarugas do mar, corais, pérolas e outros produtos do mar são igualmente objeto de um comércio muito intenso, da mesma forma que as plumas de pássaros tropicais, como o *quetzal*, a arara, o colibri etc., que se importam em grandes quantidades das densas florestas do Chiapas e do oeste de Petén.

Determinadas regiões especializam-se na cultura do algodão e na manufatura de tecidos ricamente bordados, enquanto outras se distinguem pela qualidade e elegância de sua cerâmica policromada. Finalmente, entre os mais valorizados objetos de luxo — a tal ponto que somente os membros da casta dirigente podem permitir-se consumi-los sob a forma de bebida — está o cacau, que também serve correntemente como moeda de troca. O cacau é cultivado nos confins da área maia: em Tabasco, a oeste; em Chiapas, na vertente do Pacífico; na Guatemala, a sudoeste; no vale de Ulúa (ou Honduras) e, talvez, na região do Cobá, a noroeste, além de alguns outros lugarejos das Terras Baixas. No conjunto, conforme se nota, a maior parte dos produtos de base provém de zonas mais ou menos marginais e frequentemente distanciadas dos principais núcleos das Terras Baixas. Portanto, para Tikal e outros centros cerimoniais então em pleno desenvolvimento, isso implica a operacionalização de uma administração suscetível de controlar uma rede de trocas dentro da qual — de maneira bem paradoxal — as Terras Baixas teriam conseguido canalizar para si os produtos indispensáveis ao seu modo de vida, enquanto elas próprias não teriam tido o que oferecer em troca, ao que parece, às regiões geralmente marginais das quais espoliavam as matérias-primas, com exceção dos produtos de luxo, ao lado da cintilação — sem dúvida fortemente tentadora — de sua própria "imagem social"...

Essa hipótese supõe igualmente a existência de uma estrutura social rigidamente estratificada, assim como o controle do meio ambiente, acarretando provavelmente, mais cedo ou mais tarde, além da distribuição racional de terras cultiváveis, certas obras de irrigação destinadas a tornar produtivos os terrenos nas fraldas de colinas ou zonas pantanosas. Apesar das hesitações de início — e observemos que mesmo em Tikal certas estelas erigidas entre os séculos IV e V apresentam uma rigidez inteiramente arcaica —, tem-se a impressão de um sistema que se consolida à medida que se expande territorialmente.

3. A influência de Teotihuacán durante a fase clássica antiga

No entanto, é durante essa fase difícil de cristalização cultural que se produz — sobretudo em Tikal — uma corrente de influências exteriores originárias, de forma direta ou indireta, da poderosa metrópole clássica do planalto Central mexicano: Teotihuacán. Essas influências iriam comprometer seriamente o futuro dessa civilização maia, então em pleno desenvolvimento — ou, pelo menos, alterar o seu curso —, residindo aí, talvez, um de seus aspectos mais perturbadores. Esse desenvolvimento maia aparecia tal como um fenômeno "fechado", cujas particularidades muito cedo se afirmaram e cuja coesão durante todo o período clássico irá constituir, em face das influências provenientes do exterior, um verdadeiro filtro, não deixando praticamente passar senão os elementos suscetíveis de serem absorvidos por seu próprio sistema. Assim, em matéria de arquitetura, salvo algumas raras exceções, os Maias se contentarão em generalizar o emprego da abóbada em mísulas, cujo princípio, porém, coloca muitas limitações quanto à amplitude dos espaços interiores e à flexibilidade de sua distribuição. Por outro lado, há séculos (começando por Oaxaca), a maioria dos demais grandes povos mesoamericanos usava correntemente o teto plano em terraço, disposto sobre traves apoiadas em muros e colunas de alvenaria, o que lhes permitia maior liberdade na concepção e utilização dos espaços cobertos... No domínio das artes plásticas, nada existe de mais diverso — para não dizer diametralmente oposto — do que a arte "da corte" entre os Maias, onde a sensualidade ondulante e preciosista atinge frequentemente acentos barrocos, e a arte austera — de caráter linear e facilmente até geométrico — da "Cidade de Deus", arte de um simbolismo eminentemente esotérico, onde o indivíduo se vê reduzido à condição de simples figurante impessoal de um cerimonial esmagador.

A presença cultural de Teotihuacán, no entanto, é inegável no decorrer dessa fase em diversos pontos das Terras Baixas — muito particularmente em Tikal —, assim como em Kaminaljuyú, nas Terras Altas, onde ela se implantará, por certo tempo, de forma mais direta. Teotihuacán, conforme vimos, era então uma metrópole em plena expansão e também um santuário tão imenso quanto reputado, verdadeiro "farol" espiritual que atraía multidões de peregrinos provenientes de regiões com frequência bem distantes (inclusive da própria área maia). A isso, acrescente-se uma capacidade de organização incomum, posta a serviço não só de um aparelho sacerdotal bem complexo, mas também da planificação e administração urbana, e de uma economia florescente: agricultura intensiva; manufatura de objetos de luxo, como certos tipos de cerâmica particularmente apreciados na época; controle majoritário da exploração e distribuição da obsidiana, matéria-prima vital para a tecnologia mesoamericana; e o desenvolvimento em geral de uma importante rede de trocas comerciais, incluindo certas "feitorias" controladas de forma direta ou indireta por uma poderosa corporacão de "comerciantes-guerreiros" que, segundo Marshall J. Becker,[4] dirigia os "negócios estrangeiros", dividindo o poder com os reis-sacerdotes ligados à administração religiosa e civil da Cidade dos Deuses. Nas mais antigas estelas das Terras Baixas — como em Iaxuná, a nordeste do Yucatán; em Tres Islas, às margens do rio de la Pasión; e em Uaxactún, Tikal e Yaxhá, no Petén central —, a representação de certos dignitários como bizar-

---

[4] Marshall J. Becker. *Moieties in ancient mesoamerica: inferences on Teotihuacán social structure derived from the evidence of mural paintings and other archaelogical data.* Tegucigalpa, XIV Mesa Redonda da Sociedade Mexicana de Antropologia, 1975.

ramente caracterizados à moda "mexicana" e portando geralmente o seu *átlatl* (propulsor de dardos), arma e emblema do planalto Central do México, ilustra bem essa penetração, cujo caráter inicial sem dúvida não foi invariavelmente pacífico, de tal modo que Gordon Willey,[5] falando dessa casta de "comerciantes-guerreiros", comparou-a justamente aos *condottieri*. Essa presença "mexicana", tenha ela penetrado pelo sul, via Kaminaljuyú, ou pelo norte, via Petén, se traduzirá em Tikal por alianças dinásticas cuja consequência foi a adoção de novos elementos culturais, muitos dos quais breve se fundirão no cadinho, enquanto outros permanecerão subjacentes e não irão aflorar senão alguns séculos mais tarde.

Através de recentes estudos (realizados por Tatiana Prokouriakoff,[6] Clemency Coggins[7] etc.) sobre as estelas erigidas em Tikal durante essa fase, bem como sobre os túmulos dos principais personagens da época, desenha-se todo um panorama de interpretações históricas altamente sugestivas. Assim, a um certo príncipe "Garra de Jaguar", pertencente à dinastia local e enterrado segundo o rito herdado das Terras Altas, teria sucedido "Focinho Curvado", cujo reino teria durado de 378 a 425. Sobre a estela 4, erigida por este último em sua própria honra e onde consta a data de sua ascensão ao poder (8.17.1.16.17.5. Cabán 10 Yaxkín), "Focinho Curvado" aparece em uma atitude tão pomposa quanto pouco maia, isto é, sentado sobre um trono elevado do qual pendem suas pernas em direção ao sol; o rosto, representado de frente, é coroado por uma enorme máscara de jaguar, de onde saltam dois compactos feixes de plumas à moda mexicana; seu colar — outro traço mexicano — é feito de conchas de moluscos bivalvulares do gênero *pecten*. "Focinho Curvado" tem na mão direita um emblema em forma de máscara, de aparência maia,

---

5 Gordon R. Willey. *Highland culture contacts in the Lowland Maya area: an introductory commentary*. Paris, XLII Congresso Internacional dos Americanistas, 1976.

6 Tatiana Proskouriakoff. *A history of the Loeland Maya from their texts* (manuscrito sem data).

7 Clemency C. Coggins. *Teotihuacán at Tikal in the Early Classic Period*. Paris, XLII Congresso dos Americanistas, 1976.

enquanto o braço esquerdo sustenta outro emblema que, embora parcialmente apagado, bem poderia ser uma máscara de Tláloc, o deus tutelar de Teotihuacán, o que simbolizaria, de um lado, suas origens étnicas e, de outro, seu devotamento aos costumes regionais. A legitimidade do seu poder é atestada, segundo a antiga tradição maia pré-clássica, pela presença, na parte superior da estela, do rosto de uma divindade de nariz bem alongado, cujo perfil está voltado para baixo, divindade essa que se reencontrará depois nos traços de Chac, o deus maia da chuva, ou sob a aparência do "Cetro-Manequim". É bem curioso observar que foi precisamente durante seu reinado em Tikal que se instaurou, com a construção da estela 18, erigida no ano 396 (8.18.0.0.0.), o costume de se comemorar assim o fim de cada *katún* ou período de 20 anos, costume que se conservará como um dos traços característicos da civilização maia. Apenas dois exemplos, ou dois *katúns* mais antigos, são conhecidos na cidade vizinha de Uaxactún. Clemency Coggins[8] interpreta esse fato como um hábil compromisso entre a tradição mexicana, que confere importância capital aos cicios de 52 anos, e o sistema de calendário maia, que atenta fortemente para o ritmo dos *katúns* e para o caráter divinatório dos ciclos de 13 *katúns*. Por outro lado, a comemoração da passagem de um *katún* a outro, enquanto cerimônia pública, sem dúvida se mostrará muito popular, na medida em que colocava ao alcance de todos certos aspectos de um calendário ritual extremamente exótico. Acrescentemos finalmente, no que concerne a "Focinho Curvado", que os objetos encontrados no túmulo 10, que parece ser o seu, apresentam afinidades culturais muito estreitas com Teotihuacán (por intermédio, talvez, de Kaminaljuyú), tais como vasos rituais, muitos dos quais importados, que, por sua forma ou iconografia, se ligam às mais puras tradições da Cidade dos Deuses.

Será de curta duração essa fase de "mexicanização a todo custo", mas nem por isso deixará de acarretar inúmeras sequelas

---

[8] Clemency C. Coggins. *Teotihuacán at Tikal in the Early Classic Period.* Paris, XLII Congresso dos Americanistas, 1976.

que continuarão a impregnar o mundo maia. Assim, por exemplo, a forte atração que tinha Teotihuacán pelos penachos e outros ornamentos de plumas, o que sem dúvida pressionou no sentido de se armarem expedições a regiões longínquas pródigas em pássaros tropicais, logo será compartilhada pela aristocracia maia. Mas é ao soberano seguinte de Tikal — "Céu Tormentoso" — que caberá, ao que parece, restabelecer as velhas tradições maias, operando toda uma justa síntese onde virão fundir-se muitas contribuições mexicanas significativas. Descendendo, sem dúvida, duplamente de "Focinho Curvado" e da nobreza local, "Céu Tor-

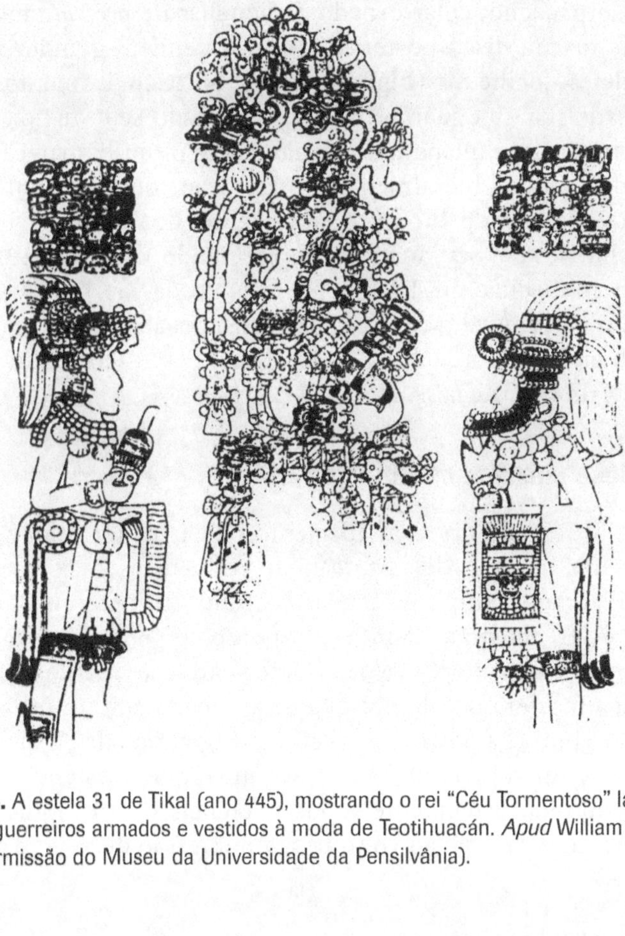

Figura 5. A estela 31 de Tikal (ano 445), mostrando o rei "Céu Tormentoso" ladeado de dois guerreiros armados e vestidos à moda de Teotihuacán. *Apud* William R. Coe (com permissão do Museu da Universidade da Pensilvânia).

mentoso", reinando de 426 a 456, soube estabelecer um compromisso particularmente brilhante entre as duas facetas de sua herança. Significativamente o nome glífico por ele adotado — provavelmente na ocasião da entronização — é o mesmo da divindade tutelar de seu predecessor que domina a sua esfígie sobre a estela 4. Longe de renegar seus laços mexicanos, "Céu Tormentoso" se faz representar sobre a estela 31, datada de 445, ladeado de sua guarda pessoal: dois guerreiros armados com o *átlatl* mexicano e com o escudo mostrando o emblema de Tláloc, e cujo vestuário confirma nos mínimos detalhes pertencer a Teotihuacán: capacete com o mento proeminente ou em forma de cabeça de animal fantástico, composto de discos em escamas e realçado por um espesso penacho; colar ornado de conchas de *pecten;* tanga guarnecida de um disco posterior, do qual pendem grandes plumas; braceletes, joelheiras (Figura 5). Ora, se "Céu Tormentoso" está escoltado por sua guarda mexicana, visando sem dúvida afirmar seu caráter de príncipe maia reinante, ele próprio aparece trajado à moda regional, literalmente coberto de atributos simbólicos que na maioria são de filiação maia, alguns dos quais se inspiram visivelmente em seu ancestral representado na estela 29, a mais antiga conhecida em Tikal e no restante das Terras Baixas. Seu túmulo presumível (sepultura 48) conserva algumas ligações com Teotihuacán e Kaminaljuyú, não obstante apresentar um aspecto essencialmente maia.

4. A fase clássica média

Assim, o reinado de "Céu Tormentoso" parece ter sido, acima de tudo, um período de absorção de influências mexicanas e de estabilização cultural. As estelas póstumas erigidas em sua honra (1, 2 e 28) mostram bem a que ponto se venera sua memória, testemunhando, do ponto de vista formal, com o estilo emaranhado e a atmosfera mitológica que delas emana, um último traço de ligação com as tradições ancestrais originárias de Abaj Takalik, Izapa e Kaminaljuyú. O período seguinte, que se estende de 480 a 680 e ao qual usualmente se faz referência com o nome de fase clássica "média", dá, ao contrário, a impressão de ser uma fase de amortecimento da atividade monumental — notadamente na arquitetura — e também de uma instabilidade política que se traduz pela dualidade do poder. Este, por certo tempo, viria a ser partilhado, com efeito, por dois personagens diferentes, representando, sem dúvida, duas facções da sociedade: uma, saída provavelmente da velha aristocracia local e encarregada da administração interior, enquanto a outra, a exemplo de Teotihuacán, controlaria os assuntos estrangeiros concernentes ao comércio e à guerra (e provavelmente seria de origem mista, maia "mexicanizada").

A maioria das estelas erigidas em Tikal durante essa fase é de uma pobreza de composição e execução que reflete muito claramente esse arrefecimento do surto cultural. No nível da concepção, nota-se, entretanto, que uma nova tendência se delineia, consistindo em enquadrar a cena principal, onde todo o interesse se concentra, daí por diante, na pessoa do único dignitário, — geralmente desprovido dos atributos mitológicos ou dinásticos que outrora apareciam nas partes superior e inferior do monólito (o que, em suma, o dessacraliza — ou, segundo o ponto de vista, o democratiza —, ao mesmo tempo em que o exalta em toda a sua própria individualidade). Por outro lado, as implicações de caráter mitológico ou dinástico são antes confiadas aos altares que tão frequentemente acompanham as estelas. Estas apresentam agora, invariavelmente, a forma de um enorme cilindro achatado com as arestas acentuadamente arredondadas. Outro aspecto que parece fazer sua aparição aproximadamente no século VI está ilustrado de maneira magistral na estela 10, excepcionalmente esculpida em alto-relevo: é a autoglorificação do príncipe como conquistador vitorioso, tendo um prisioneiro estendido a seus pés, o que prenuncia certas dinastias guerreiras das quais veremos alguns exemplos durante a fase clássica recente, principalmente na bacia de Usumacinta. Notemos finalmente que, também por essa época, o jogo de bola é adotado pelos Maias das Terras Baixas, entre os quais permanecerá, como em toda a Mesoamérica, intimamente ligado a certos aspectos das atividades rituais.

Enquanto — por certo tempo, pelo menos — a influência de Teotihuacán se dilui durante essa fase média nas Terras Baixas, Kaminaljuyú, por sua vez, continua a se "mexicanizar" de forma decisiva. Debilitada em suas bases, após um período de estagnação de 150 a 350, durante o qual ruíram muitos de seus elementos culturais em favor de Petén, essa velha cidade irá revelar-se ao final do século VI como a principal feitoria de Teotihuacán, verdadeira cabeça de ponte da presença mexicana no sul do território maia. Uma rota de comércio unia essa região, via Horcones e Tonalá, ao istmo de Tehuantepec, onde se bifurcava na região de Oaxaca, ou, mais provavelmente, fazia um desvio por Veracruz em direção ao vale de Puebla, para desembocar finalmente no vale do México. Longas filas de carregadores transportavam em um sentido conchas marinhas e moluscos diversos, feixes compactos de plumas preciosas, peles de jaguar ou de cervo, jade, cacau e outros produtos tropicais. No sentido oposto, circulavam carregamentos de objetos de obsidiana, cerâmica de luxo e outros produtos manufaturados em oficinas especializadas da Cidade dos Deuses. É muito provável que esta tenha aspirado ao domínio da área meridional maia tanto em razão de sua posiçao estratégica em relação às Terras Baixas como, por outro lado, por sua riqueza em cacau, que lhe teria assegurado, além do controle parcial do comércio de obsidiana, também o dessa moeda cobiçada na Mesoamérica. Em grande parte, isso explicaria ainda a extraordinária produção de vasos rituais e turíbulos de terracota no mais puro estilo de Teotihuacán encontrados na região de Escuintla, a sudoeste de Kaminaljuyú; produção que, tanto pela qualidade como pela importância numérica, situa-se imediatamente após a da área metropolitana da Cidade dos Deuses.

CAPÍTULO III. A IDADE DE OURO DOS MAIAS

Após um período de estagnação relativamente pronunciada, entre 534 e 613 (designado pelos antropólogos anglo-saxões como *hiatus*), e que se traduz principalmente pela lentidão generalizada na construção de estelas datadas e outros monumentos, uma efervescência inusitada vai agitar as Terras Baixas, levando ao ponto culminante as tendências regionais que vinham há algum tempo amadurecendo em certas cidades e fomentando um surto, por vezes efêmero, em muitos outros lugares que até então haviam permanecido discretamente nas sombras. Para esse grande "salto à frente" que é a fase clássica "recente" (cujo ponto de partida flutua entre a segunda metade do século VI e o início do século VII), muitas circunstâncias parecem convergir, a começar pelo controle da rede comercial, que passa essencialmente para as mãos de um certo ramo da aristocracia local possuidor de fortes ligações com povos mais ou menos "mexicanizados", originários da periferia ocidental. Entre estes, contam-se os "Putuns" de que fala Eric S. Thompson,[9] os quais se distinguem pelas aptidões comerciais e pela extrema mobilidade com que empreenderam expedições de longa distância por via terrestre, fluvial ou marítima (foi assim que subiram os grandes cursos de água e contornaram a península de Yucatán).

Com o advento dessa fase, assiste-se a uma prosperidade generalizada na quase totalidade das Terras Baixas, acarretando o aumento progressivo da população. Longe de estar centralizado em uma "capital" única, o poder está polarizado em torno de uma miríade de centros cerimoniais do tipo "cidade-Estado" e de di-

---

9 Eric S. Thompson. *Maya History and Religion*. Norman, University of Oklahoma Press, 1970.

mensões bem diversas, controlando um território mais ou menos vasto, seja *manu militari*, seja, como parece mais frequente, mediante um jogo extremamente complexo de alianças dinásticas ou interesses comerciais, que não exclui absolutamente a possibilidade de longas migrações. Muitas vezes nos sentimos mesmo tentados a comparar esse sistema dos Maias àquele que foi usado nas cidades e colônias gregas da época clássica; a densa floresta tropical — verdadeiro oceano vegetal de tão penosa travessia — desempenha aqui um papel equivalente aos perigos da navegação antiga no Mediterrâneo para os gregos. Assim, fundam-se muitas "colônias" cujo esplendor — que às vezes não vai durar mais que o tempo de uma ou duas gerações — é invariavelmente balizado pela construção de estelas ou outros monumentos comemorativos, não apenas indicando a ascensão de um chefe local a certo nível de conhecimentos esotéricos, mas revestindo-o de invejável aura de prestígio.

Parte da riqueza provém da manufatura de objetos de luxo e da rede de trocas comerciais; o essencial para a subsistência, entretanto, precisa ser assegurado pela exploração de recursos locais (frequentemente muito escassos) e pela racionalização da agricultura. Isso provavelmente implica certa diversificação de tarefas agrícolas, assim como o desenvolvimento das possibilidades para o seu rendimento. Chega-se assim, à medida que se avança no período pré-clássico, a tirar partido de terrenos inclinados, criando um quadriculado bastante flexível de terraços destinados a lutar contra a erosão e a reter, junto à terra cultivável, um grau relativo de umidade. Tal é o caso da região de Río Bec (ao norte de Petén) e de algumas regiões de Belize e de Petén central. Consegue-se mesmo, parece, tornar altamente produtivos certos solos pantanosos usualmente inaproveitáveis, tais como as savanas, os *bajos* ou zonas inundadas pelas enchentes sasonais, cujo subsolo argiloso pouco se prestava ao cultivo e que era preciso modificar elevando o nível do solo por meio de plataformas artificiais cuja drenagem era assegurada por canais (por vezes de grande porte, como o de Edzná, ao norte do Campeche). Praticamente quase todo o solo nas Terras Baixas — e em Petén em particular — é favorável à cultura do *ramón* (fruta-pão), cujos frutos são armazenados nos *chultúns*, câmaras escavadas no subsolo calcário e frequentemente protegidas da umidade por uma antecâmara cujo acesso é vedado por uma laje de pedra.

Tudo isso contribui pois para ampliar as possibilidades agrícolas, geralmente limitadas apenas às *milpas* (campos de milhos), tradicionalmente explorados pelo sistema de cultura extensivo e rotativo, com o emprego de queimadas — praticamente inalterado até hoje nessas florestas tropicais —, que oferecia baixo rendimento e exigia esforços suplementares do homem. É preciso, com efeito, no início da estação seca (em torno de outubro ou novembro), preparar o espaço escolhido, desembaraçando-o dos troncos mais finos e não deixando no local senão as árvores mais difíceis de derrubar. Aproximadamente em fins de abril, quando termina a estação seca, ateia-se o fogo e, nos primeiros dias de maio, faz-se a semeadura, lançando-se os grãos dentro de orifícios cavados por meio de um bastão (*coa*), cuja ponta é endurecida a fogo. Chegada a estação das chuvas, vigia-se periodicamente a *milpa* para dela retirar as ervas daninhas e prevenir a invasão pelo mato. A colheita, feita em outubro ou novembro, ainda é, em certas regiões, objeto de celebrações especiais.

Nessas florestas, a *milpa* tem capacidade de produzir apenas por dois ou três anos consecutivos, de forma que é preciso avançar incessantemente para novas terras num raio razoável de distância do local de residência. Os intervalos ociosos compreendidos entre as diversas fases desse ciclo agrícola são não apenas empregados em necessidades familiares, mas também absorvidos pelas necessidades da comunidade, das quais uma importante porcentagem compreende as atividades de culto e as intermináveis obras de ampliação e ornamentação do centro cerimonial. Pois, como em toda a Mesoamérica, a religião dizia respeito a todos e ninguém podia subtrair-se às mil facetas de um ritual tão complexo quanto meticuloso.

Quando se constatam as dificuldades da agricultura tradicional de queimada, que no entanto representa a base do sistema mesoamericano, compreende-se por que regiões consideradas atualmente entre as mais inóspitas, como Petén e muitos outros pontos despovoados das Terras Baixas, não puderam assegurar a subsistência de uma densa população durante o surto clássico senão desenvolvendo uma cultura intensiva em certos solos, assim como a exploração de determinados recursos suplementares, tais como a fruta-pão e os tubérculos. Dennis Puleston[10] sugere que o nordeste de Petén, tão superpovoado então como talvez outras regiões das Terras Baixas classificadas entre as mais desfavoráveis à agricultura, havia provavelmente chegado a importar, junto com o algodão e outras matérias-primas, quantidades consideráveis de milho proveniente de Río Hondo, na região nordeste de Belize, de Río Bec, ao norte, ou de Río Candelaria, a nordeste. Essas regiões, como vimos, constituíam na época — graças à exploração intensiva das terras — verdadeiros "celeiros" de milho.

Conforme observa Georges Cowgill,[11] convém sublinhar também o fato de que — precisamente entre 650 e 700, isto é, no momento em que os Maias se preparavam para entrar em sua "idade de ouro" — sinais de fraqueza se faziam sentir nas duas metrópoles que até então haviam mantido um nível cultural dos mais elevados na Mesoamérica: Teotihuacán e Monte Albán. Esta última, dominando todos os vales ao redor, conseguira preservar-se, cercada de outros grandes complexos culturais, dentro de um relativo isolacionismo por mais de um milênio. Quanto à Cidade dos Deuses, depois de ter eclipsado todas as demais regiões durante quatro ou cinco séculos, imprimindo-lhes uma influência que às vezes permanecerá muito vívida, é parcialmente destruída por um incêndio em torno do ano 650, sobrevive apenas por mais um século, resvalando em seguida para um rápido declínio. Como sinal precursor da grande derrocada clássica, Teotihuacán e Monte Albán viriam, por sua vez, a decair no espaço de mais algumas gerações. Essa ruptura pôde, entretanto, jogar a favor dos Maias, os quais, dispondo de uma infraestrutura cultural laboriosamente construída, puderam também exercer um controle mais direto

---

[10] Dennis Puleston. *The Seeds of statehood: variability in subsistence moods in the Southern Maya Lowlands and the rise of Maya civilization*. Paris, XLII Congresso Internacional dos Americanistas, 1976.

[11] Georges Cowgill. *Teotihuacán, internal militaristic competition, on the Fall of the Classic Maya*. Paris, XLII Congresso Internacional dos Americanistas.

sobre certas redes de trocas comerciais. Não se exclui a possibilidade de que o espírito de conquista tenha desempenhado um papel importante nessa conjuntura, como parece indicar a proliferação de motivos guerreiros na arte maia durante a fase clássica recente.

Quaisquer que tenham sido as circunstâncias que concorreram para favorecer esse brilho clássico, nada de tão requintado nem tão variado jamais se produziu no mundo pré-colombiano. Certas cidades, como Palenque, desabrocham como flores tardias, mas tão preciosas! Outras (dentre as quais Copán, Piedras Negras e Yaxchilán, na área central; Uxmal, Chichén Itzá, Santa Rosa Stampak e Becán na península do Yucatán) atingem o ponto culminante de uma trajetória cultural relativamente longa; enquanto Tikal e Uaxactún, por sua vez, chegam muito simplesmente à conclusão lógica de uma evolução lenta porém coerente, a despeito de todas as suas descontinuidades, da qual retomaremos o fio momentaneamente interrompido.

1. Os dois últimos séculos de esplendor em Tikal

No início do século VII, após um período de estagnação, Tikal retoma suas construções suntuárias sob o reinado conjunto, ao que parece, de dois soberanos. Uma inovação da época, destinada sem dúvida a tornar o culto acessível a um maior número de fiéis, é a construção do primeiro conjunto arquitetônico de pirâmides gêmeas (que doravante designaremos pelo nome simplificado de "complexo gêmeo"). É constituído de uma grande esplanada artificial sobre a qual se elevam, nas extremidades leste e oeste, duas pirâmides em degraus, idênticas, com o aspecto de simples plataformas cerimoniais elevadas, guarnecidas de uma escadaria de acesso a cada um de seus lados e desprovidas de santuário no cume. Diante da pirâmide, alinha-se às vezes uma fileira de nove grupos de estelas-altares não esculpidas, enquanto, sobre o eixo perpendicular, situa-se, ao sul, um edifício baixo e alongado, dispondo de nove portas; e, na extremidade norte, acha-se um compartimento em alvenaria, aberto por meio de uma porta em forma de abóbada maia e contendo, tal como um cofre, um par de monólitos do tipo estela-altar esculpidos em baixo-relevo. Dentro desse santuário a céu aberto a estela representa um soberano em atitude ritual, tendo em uma das mãos uma barra cerimonial e fazendo com a outra o gesto do semeador, espalhando grãos de milho ou de cacau. Sobre o altar figuram geralmente, além dos motivos de palma trançada, ou *petatillo*, também símbolos hierárquicos e prisioneiros amarrados. Segundo Jones,[12] esses complexos geminados, característicos de Tikal, teriam sido concebidos para marcar a passagem de um *katún* (ou grupo de 7.200 dias) a outro, e utilizados nas grandes cerimônias públicas, onde *o halach uinic,* de caráter semidivino, oficiando como profeta transmitia os augúrios relativos ao desenvolvimento do *katún* em curso, assim como os prognósticos individuais. Jorge Guillemin[13] sublinha o caráter solar desses conjuntos, onde as sucessivas horas do dia irão determinar um jogo vivo de sombras e luzes.

As medidas destinadas a tornar o culto menos hermético, mais acessível ao comum dos mortais — em suma, mais popular —, devemos acrescentar a importância progressiva do jogo de bola, tanto em seu aspecto ritual e tão divinatório quanto, talvez, em seu caráter de espetáculo suscetível de atrair as massas. Finalmente, essa reativação que se observa por toda a cidade a partir de meados do século VII e se traduz no reativamento de construções civis e religiosas, de enterros suntuosos e nas artes em geral, testemunha uma estabilidade econômica e política. Essa renovação cultural alcançará seu ponto culminante entre 681 e 768, durante o reinado de dois personagens que ainda se designam, à falta de melhor denominação, sob os títulos de Soberanos A e B. O primeiro pertencia, sem dúvida, às antigas famílias que emigraram para o sul de Petén, contando-se, entre seus ancestrais, o famoso Céu Tormentoso, de origem maia-mexicana.

Tem-se a impressão, quando se analisam certos traços do Soberano A, de uma encenação habilmente orquestrada para fazer de sua ascensão ao trono um acontecimento revestido de um

---

[12] Christopher Jones. *The twin pyramid group pattern: a Classic Maya architectural assemblage at Tika, Guatemala.* Filadélfia, Universidade da Pensilvânia, 1969.

[13] Jorge Guillemin. "Development and function of the Tikal cerimonial center". *Ethnos*, 1968, vol.33.

caráter histórico e cósmico extraordinário. Sua entronização, com efeito, é celebrada solenemente e ligada à de seu prestigioso ancestral, Céu Tormentoso, que remonta exatamente a 13 *katúns* anteriores. Ora, sabe-se da importância de que se revestia, aos olhos dos Maias, o mecanismo dos *katúns* e, muito particularmente, no calendário ritual, o retorno cíclico do mesmo signo a cada 13 *katúns* (ou 260 anos de 360 dias cada), retorno no qual os Maias, impregnados como estavam de preocupações cósmicas e das virtudes mágicas desses mecanismos cíclicos, queriam ver um eterno retorno dos próprios fenômenos históricos, como teremos ocasião de observar em outros exemplos e como se depreende principalmente da leitura angustiante dos textos proféticos contidos nos livros de Chilam Balam.

A entronização do Soberano A marca igualmente o ressurgimento vigoroso, em Tikal, de elementos de origem mexicana. Mais do que resultantes de um contato direto, esses elementos (encontrados simultaneamente em outros sítios das Terras Baixas, como Piedras Negras, Copán e Uxmal) pertencem a certas famílias reinantes, para as quais parecem funcionar como emblemas heráldicos" que, justapondo-se aos símbolos maias tradicionais, mostram até que ponto certos dirigentes maias reivindicavam laços espirituais com a longínqua Cidade dos Deuses, cujo prestígio permanecia aceso, a despeito de seu acentuado declínio a partir do final do século VII. É curioso observar que, na arquitetura, por exemplo — um dos domínios em que Tikal se havia revelado até então em feroz oposição a qualquer ingerência do exterior —, por essa época se constroem vários edifícios que, tanto pelos volumes exteriores (visivelmente inspirados no *tablero-talud* usado em Teotihuacán) como por sua iconografia, se ligam à tradição mexicana.

Mas se esses acentos exóticos são perfeitamente identificáveis em Tikal, assim como em outros lugares, em nada entravam a extraordinária eclosão da arquitetura e das artes plásticas, cujo caráter puramente maia é devido então ao paroxismo, seguindo as tendências estéticas de cada região. Em Tikal — onde, no curso do milênio anterior, se desenvolvera uma arquitetura religiosa que, graças a acréscimos posteriores, finalmente adquirira um caráter de verticalidade cada vez mais acentuado (como os templos-pirâ-

Figura 6. O templo I ou templo do Jaguar Gigante em Tikal. Ano 702 aproximadamente. Reconstituição hipotética de Francisco Gutiérrez Martínez. *Apud* Paul Gendrop.

mides 22 e 33 da Acrópole Norte) —, verdadeiros colossos são construídos pelos soberanos A e B, de uma só vez e não como simples resultado de uma série de superposições. É assim que, aproximadamente nos anos 700, sob o comando do Soberano A, que reinou de 681 a 733, são erigidos entre as Acrópoles Norte e Central, nas extremidades oeste e leste da Grande Praça central — que até então se achavam vazias —, os templos I e II, cuja altura total, dos assentamentos à *cresteria* (cumeeira), ultrapassa respectivamente 40m e 50m. O mais antigo dos dois — o templo II ou templo das Máscaras — compensa o aspecto pesado de sua base piramidal pela altura e relativa leveza de sua *cresteria*, que conserva alguns vestígios de uma rica ornamentação em relevo. Quanto ao templo I, ou templo do Jaguar Gigante (assim denominado devido a um motivo esculpido sobre um friso interior em madeira de sapota), constitui o protótipo por excelência da arquitetura de Tikal (Figura 6).

Tudo nesse templo I contribui para acentuar a tendência vertical que há séculos constituía uma das características essenciais dessa arquitetura: as proporções da base em degraus formando o gigantesco suporte piramidal; o desenho rítmico nas faces inclinadas, onde se alternam horizontalmente, em um jogo sutil de sombras e luzes, molduras em saliência e reentrância, e cujo sentido ascendente é reforçado por vigorosos recortes verticais, os quais, estreitando-se de nível para nível, convergem para o santuário, ao qual se chega através de um só lance de uma escadaria abrupta (e em cujo interior, visíveis somente aos privilegiados que na época tinham acesso a ele, frisas em madeira de sapota delicadamente esculpidas mostram os dignitários em vestes cerimoniais). Finalmente, alongando esse santuário em altura, vê-se a imponente massa da *cresteria*, reduzindo-se gradativamente em direção ao cume, com suas chanfraduras e planos inclinados, cujos vestígios ornamentais sugerem a esfígie colossal de um personagem sentado em seu trono (sem dúvida, o próprio Soberano A).

Culminância magistral de uma série de tendências arquitetônicas, algumas das quais remontando a quase um milênio, esse edifício de proporções majestosas e particularmente equilibradas encarna à perfeição essa ânsia de eternidade que muito cedo levou os homens dessa região a erigirem seus santuários na floresta até ultrapassarem a altura das copas, o que só conseguiram — e somente por certo tempo — ao final do período clássico. Nenhuma outra cidade maia soube vencer a tal ponto a floresta tropical, o oceano vegetal dentro do qual Tikal está submersa sendo materialmente perfurado, de lugar em lugar, pelas altaneiras *cresterías* dos grandes templos. Entre estes, o templo V (construído igualmente, ao que parece, sob o reinado do Soberano A, e próximo à Acrópole Sul) não contém, apesar de seus 60m de altura, senão um único quarto de 75cm de largura, enquanto o muro posterior, destinado ao suporte de uma enorme *cresteria*, atinge cinco metros de espessura!... Que dizer então do templo IV, construído em torno de 741 pelo Soberano B e que, com seus 72 metros de altura e seus muros de 12 metros de espessura, se conserva entre as mais impressionantes construções realizadas na América pré-colombiana, depois da pirâmide do Sol, em Teotihuacán, cuja altura total devia atingir 75 metros, incluindo-se o santuário?

Quando se passeia — com dificuldade — dentro dessa densa floresta tropical e, através de uma clareira, se descobre subitamente um desses colossos, pode-se imaginar a força do impacto místico que devia produzir, em sua época, uma tal concepção arquitetônica: a imponente pirâmide, em cujo templo, sobreposto no alto desse imenso apêndice policromado, está entronado o príncipe, uma imagem nebulosa parecendo situar-se no ponto de encontro entre a terra e o sol... Mais ainda que nas outras cidades maias, fica-se maravilhado aqui por essa concepção de santuário, enquanto relicário inacessível ao comum dos mortais, esmagador tanto pelas dimensões quanto pela carga de mistério, quase irreal no cimo de sua base piramidal, onde se esfuma no infinito, parcialmente envolto pelas nuvens de *copal*. Junte-se a isso o efeito de caixa de ressonância — sem dúvida intencional, ao menos em parte — produzido pelas estreitas passagens do santuário e que, ampliando a voz do oficiante, devia lançar os fiéis em verdadeiro estupor. O homem era aqui negado, anulado por essa formidável presença.

Seria injusto, contudo, limitar exclusivamente a essas obras ambiciosas a arquitetura desse período em Tikal: a idade de ouro que, como dissemos, coincide com um período de estabilidade e abundância, traduz-se aqui pelo embelezamento e ampliação da cidade, cuja população permanente atinge uma espantosa densidade, considerando-se o meio natural tão pouco propício. Sobre uma superfície de 16 km^2, contam-se aproximadamente 3 mil estruturas sólidas, que vão desde uma simples plataforma até uma imensa pirâmide. O centro cerimonial, cujo núcleo é a Acrópole Norte, é consideravelmente ampliado. Largas avenidas, de traçado mais ou menos regular ou acidentado, segundo a topografia, partem das praças adjacentes à Grande Praça central e ligam entre si os principais conjuntos de edifícios: para oeste, em direção ao templo IV; para o norte, em direção ao grupo H; e, para sudeste, dentro de um grandioso projeto, sem dúvida inacabado, no sentido do templo das Inscrições, cuja construção foi iniciada em 766, sob o reinado do Soberano B (734-768).

É no interior de um retângulo de aproximadamente 1.200m por 600m de lado, orientado no sentido leste-oeste, que se encontra a mais alta concentração de construções, dispostas de maneira muito flexível em torno dos três principais reservatórios a céu aberto, e cujo núcleo central é formado pela Acrópole Norte, pelos templos I e II e pela Acrópole Central, verdadeiro coração administrativo e religioso de Tikal. Com efeito, se a Acrópole Norte apresenta os mais espetaculares conjuntos de edifícios destinados ao culto, o panorama oferecido pela Acrópole Central é inteiramente diverso, com suas longas filas horizontais de construções que, perfuradas de múltiplas aberturas e se elevando algumas às vezes até dois ou mesmo três níveis, se organizam em quadriláteros mais ou menos compactos em torno de pátios interiores. Combinando sem dúvida em graus diversos funções administrativas e residenciais, algumas dessas construções merecem plenamente a denominação de "palácios", com a qual temos tendência a designar todas as edificações mesoamericanas que não se identifiquem visivelmente como templos, nem como campos de jogo de bola, nem como termas. O Palácio Maler, por exemplo, é um modelo de harmonia, com suas duas alas ligeiramente salientes e seus dois andares, o segundo dos quais se abre exclusivamente para o sul, debruçando-se sobre o Reservatório do Palácio, onde se vinha refletir o gigantesco templo V.

Essa arquitetura civil distingue-se não somente pela disposição de edifícios alongados, frequentemente munidos de duas ou mesmo três fileiras paralelas de peças, mas também pela presença de plataformas ou bancos de alvenaria revestidos de estuque, tal como as paredes internas e externas. Essas peças, que não recebiam luz solar senão através da abertura das portas (e com frequência de maneira indireta), são às vezes guarnecidas de estreitas fendas à guisa de janelas. As travas de madeira, frequentemente engastadas nas paredes inclinadas da abóbada, permitem uma decoração mural e diversos objetos suspensos. A isso, acrescentem-se as esteiras de dormir e, segundo o escalão social, também almofadas, assentos baixos e mesmo um trono mais ou menos elaborado, assim como peles de jaguar e de outros animais, tecidos de algodão às vezes ricamente bordados, alguns utensílios ... e se terá uma ideia da ordenação desses locais razoavelmente obscuros, úmidos mas relativamente frescos, cujo conforto era praticamente nulo, a ponto de certos autores afirmarem que, considerações de prestígio à parte, a simples cabana de um camponês maia deveria ser sensivelmente mais atraente. A cozinha, como ainda é uso frequente nessas regiões, fazia-se, na maior parte do tempo, de fora, sob um alpendre, enquanto às peças de alvenaria eram reservadas outras funções: habitação, entreposto e trabalho. A comunicação de uma peça a outra efetuava-se quase sempre de maneira bastante indireta, prestando-se esse tipo de construção a uma grande flexibilidade de soluções. No entanto, realizando-se boa parte das atividades ao ar livre, e frequentemente ao abrigo de um alpendre ou da própria floresta densa, essas peças escuras e pouco acolhedoras não eram, sem dúvida, utilizadas senão durante determinadas horas do dia ou da noite.

É muito difícil, em geral, determinar as diversas funções que um mesmo edifício poderia às vezes combinar. Nesse setor, por exemplo, à frente da extremidade leste da Acrópole Central, sobre a Praça Leste, para onde confluem duas largas calcadas, há, nas proximidades de um campo de jogo de bola, um enorme complexo em forma de quadrilátero, dispondo de rampas elevadas nos quatro ângulos, e que bem parece ter sido um mercado público. Ao sul dos três grandes reservatórios, por outro lado, sucedem-se, de leste para oeste, construções nitidamente diferentes, a começar pelo compacto Grupo G. Passando-se por esparsos conjuntos residenciais para se chegar ao imponente templo B, encontra-se depois a Acrópole Sul, formidável conjunto de plataformas artificiais do qual emerge um templo-pirâmide curiosamente encerrado entre grandes edifícios do tipo " palácio". Vem em seguida, delimitada ao norte por três campos paralelos de jogo de bola, uma das mais vastas e belas praças de Tikal, a Praça dos Sete Templos, assim denominada em razão dos sete santuários que nela se dispõem em alinhamento cerrado sobre o lado leste (sua fachada posterior vindo a se escorar sobre as plataformas laterais da Acrópole Sul) e cujo templo central se destaca tanto pelo tamanho como pela altura. Finalmente, circundada ao longo de três de seus lados por longos edifícios e voltada para o norte em direção ao templo III — o último dos colossos de Tikal, inaugurado em 810 —, uma praça ainda mais gigantesca segue-se a essa última, comportando no centro uma das mais majestosas pirâmides, cuja construção remonta à época pré-clássica. Esse setor central é integrado, a noroeste, pelo Palácio dos Morcegos e, depois, por um desses complexos geminados tão característicos de Tikal, o impressionante templo IV, para o qual convergiam duas outras calçadas (uma conduzindo ao Grupo Norte, a outra à Grande Praça central).

Muito flexível, adaptado essencialmente a uma topografia bastante irregular e fatalmente limitado em suas perspectivas pelas espessas massas de vegetação, resultado de dezenas de séculos de incessantes remodelagens (terraplenagem, superposições, ampliações, modificações diversas...), o centro de Tikal está longe de oferecer um aspecto ordenado como o de Teotihuacán, onde, em contrapartida, se encontra, pela primeira vez na Mesoamérica, um verdadeiro tecido urbano, dispondo de um sistema de ruas e avenidas regularmente traçadas em ângulo reto e delimitando massas compactas de construções. Entretanto, como observa Jorge Hardoy,[14] é difícil negar o caráter de cidade a esse conjunto tão imponente quanto harmonioso, fruto de um crescimento mais "orgânico" e cujos construtores — menos impressionados com o ângulo reto e com a preocupação de simetria do que seus congêneres da Cidade dos Deuses — souberam criar, dentro de "uma amostra de inexatidão", efeitos atraentes de conjunto, com a maior parte dos largos calçadões desembocando quase invariavelmente em uma praça e se completando com a perspectiva majestosa, sem contudo ser dominante, de um templo ou de um conjunto importante.

Para completar essa visão de Tikal, acrescentem-se a isso os desníveis de terreno sabiamente utilizados — de início, acrescenta

---

[14] Jorge Hardoy, *Ciudades Precolombianas*. Buenos Aires, Infinito, 1964.

Hardoy,[15] para dar ênfase às massas isoladas e lhes acentuar o volume — e também a maneira como se alternavam as construções e espaços descobertos, devidamente revestidos de estuque (praças, esplanadas, plataformas cerimoniais, calçadas alinhadas por parapeitos, reservatórios etc.), com as áreas de reserva, onde continuava a dominar a floresta — em alguns pontos cuidadosamente conservada —, à sombra da qual serpenteavam milhares de sendas conduzindo aos setores periféricos e às *milpas* disseminados por um vasto círculo. As calçadas, como vimos, limitam-se à comunicação entre os principais setores do centro cerimonial: concebidas essencialmente, ao que parece, com o fim de facilitar as procissões e outras grandes festividades civis ou religiosas, o que não exclui absolutamente a preocupação de produzir um impacto estético, elas não ligam Tikal às cidades vizinhas, como acontece em certas cidades maias da península de Yucatán. Quanto mais se afasta do núcleo da cidade, mais frouxo se torna esse tecido quase urbano: os conjuntos, arquitetônicos vão-se distribuindo ao acaso dos acidentes do terreno, não distantes dos pontos de água; e assim se passa, de forma quase imperceptível, aos setores periféricos, comportando ainda algumas construções sólidas (como modestos palácios e um reduzido centro cerimonial), às habitações de características cada vez mais rurais, algumas cabanas se agrupam ao redor da casa do chefe, até chegar o ponto em que, a quilômetros de caminhada mais adiante, defronta-se de novo com uma pequena aglomeração anunciando a proximidade de outra cidade (ou de um pequeno centro cerimonial mais ou menos "satélite", como Jimbal).

William Bullard,[16] estudando as estruturas de habitação ao redor de Tikal, comenta que, à medida que se interna na floresta à procura de traços de ocupação humana, "uma primeira impressão — e precipitada — é de que ela [a ocupação] existe quase por toda parte". Isso mostra até que ponto, ao final do período clássico,

---

[15] *Ibid.*

[16] William R. Bullard, Jr. "Maya settlement patterns in North-Eastern Petén". *American Antiquity*. Guatemala, 1960, vol.25.

o sistema dos Maias conseguira o prodígio não somente de sobreviver nesse meio difícil, mas também de se implantar praticamente até o limite do possível. Se o caso de Tikal é um caso extremo de concentração quase urbana, muitas outras cidades maias da época tendiam a se aproximar desse modelo. O centro da cidade de Yaxhá, na região do Petén, apresentava mesmo uma proporção mais alta de edificações, frequentemente delimitadas por calçamentos em ângulos retos, dando ao conjunto uma aparência mais "urbana". Dzibilchaltún, na extremidade noroeste de Yucatán, constituía uma das mais formidáveis aglomerações maias em termos de extensão e densidade, ainda que — pelo desenho e beleza de seus edifícios — seu centro cerimonial estivesse longe de rivalizar com Tikal. Esse período de prosperidade e expansão traduz-se igualmente por uma eclosão extraordinária nas artes plásticas.

No domínio da escultura, como no da arquitetura, Tikal permanece como uma das principais formadoras de escola. Suas estelas, cujo protótipo se cristalizou através das gerações anteriores, conservam o contorno regular, ligeiramente alargado e arredondado no cume; a parte esculpida — aí compreendidos os textos glíficos, geralmente agrupados em cartuchos — limita-se muito frequentemente à face anterior do monólito, enquadrada quase invariavelmente no interior de uma moldura. Quanto ao motivo principal, o do chefe supremo (às vezes com prisioneiro a seus pés), este é representado com o rosto de perfil, o corpo visto de frente ou de perfil, em uma atitude que, ainda rígida no início do século VIII, pouco a pouco se anima; certas partes do traje, principalmente as longas e elegantes plumas de *quetzal*, acrescentam-lhe, graças ao esvoaçar, uma leveza toda singular. O sentido de preciosismo é algumas vezes levado aos mínimos detalhes de um traje muito rico; a modelagem é, em geral, delicada, até mesmo sensual — sobretudo a dos membros, como as pernas do personagem da estela 21 (ano 736) e os pés do prisioneiro, de fato surpreendentes, do altar 8 (ano 751). As mãos maias são mais expressivas do que as próprias fisionomias!

Se o tema sempiterno das estelas de Tikal pode acabar se tornando fatigante, outras manifestações artísticas menos convencionais trazem uma nota de frescor e espontaneidade, como os desenhos finamente gravados em osso (que faziam parte das suntuosas oferendas do túmulo 116 que recobre o templo I), um dos quais mostra, dentro de uma canoa, divertidas e dinâmicas divindades maias, muitas delas sob a forma de animais diversos (Figura 7). Por um lado, se o protótipo de estela desenvolvido em Tikal e Uaxactún se impõe relativamente por todo o território maia, por outro se assistirá à eclosão praticamente simultânea de muitas escolas regionais ou locais. Certas cidades, apesar de próximas — como Naranjo e Yaxhá —, souberam escapar às convenções demasiado rígidas de Tikal: a estela 22 de Naranjo (ano 702), por exemplo, mostra-nos uma cena da "ascensão" de um *halach uinic* ao nível divino; nela o dignitário aparece sentado, com as pernas cruzadas "à oriental", sobre um almofadão bordado, parecendo surgir de uma enorme máscara de ltzamná, o deus criador maia, tendo diante de si um prisioneiro que eleva as mãos em atitude de súplica. Na estela 31 de Yaxhá, onde um personagem suntuosamente vestido executa uma dança ritual em presença de um anão sentado, um sinuoso mundo vegetal povoado de pequenos seres fantásticos parece jorrar das máscaras e de outros atributos que constituem o ornato de cabeça do dignitário.

Figura 7. Deuses maias – alguns dos quais aparecem sob um aspecto zoomórfico – viajando em uma piroga. Desenho gravado sobre um osso proveniente do túmulo 116 de Tikal. Desenho de Merle Greene.

Portanto, cada região — às vezes cada cidade — soube acrescentar, ao esquema clássico da estela maia, sinais particulares. Na bacia do rio de la Pasión, apesar de seu estreito parentesco com Petén, certas esculturas se distinguem pela concepção, pelo tema, pelo dinamismo ou pelo caráter rebuscado de sua execução. Assim é o disco de Cancuén, que mostra, por exemplo, dois adversários confrontando-se no jogo ritual de bola (tema bastante frequente na região de Usumacinta e do rio Lacanhá). Melhor exemplo ainda são as excelentes estelas de La Amelia, onde se representa — por cima de um jaguar estendido ao solo e impressionantemente vivo — um personagem robusto e atarracado que, girando lentamente, executa uma dança ritual, ao que parece segundo a posição das pernas e o extraordinário movimento comunicado às longas plumas que se projetam de suas costas, mais o exuberante penteado do dançarino, dando a impressão de um verdadeiro "instantâneo" fotográfico! Dentro do gênero rebuscado, são especialmente dignas de menção as estelas 2 (quase idênticas) de Aguateca e de Dos Pilas, datando de 736, nas quais o artista se aplicou a representar, com um cuidado tão meticuloso quanto refinado, até o mínimo detalhe, uma vestimenta excepcionalmente carregada de atributos, dentre os quais figura um número espantoso de elementos mexicanos tais como as máscaras de Tlátoc, um peitoral em forma de coruja, "signos do ano" etc.

A região estilística do rio de La Pasión é delimitada, a oeste, por Altar de Sacrifícios (para onde confluem os riachos Chixoy e Pasión, dois dos principais afluentes do Usumacinta), por Machaquilá, a leste, e por Cancuén, ao sul. Está encravada na área setentrional, entre o Petén e a bacia de Usumacinta, duas das regiões mais importantes da área central; estendendo-se para o sul, ela penetra como cunha nas Terras Altas da Guatemala. Apesar de suas dimensões reduzidas, essa posição geográfica lhe conferiu, aparentemente, durante certas fases da evolução cultural maia, o papel determinante de "encruzilhada". Ela se conta entre as mais antigas regiões das Terras Baixas ocupadas por grupos sedentários; por outro lado, constituía, desde a fase pré-clássica recente, uma das principais vias de comunicação entre a área meridional e as Terras Baixas (convém lembrar vestígios como a estela de Tres Islas, por ocasião da primeira onda de influências mexicanas). Durante a fase clássica recente, contribui imensamente para ativar o extraordinário fluxo de pessoas e riquezas que, transportando-se desde o centro da Guatemala até as costas do Tabasco e do Campeche, tinha por artéria vital a bacia do Usumacinta e seus afluentes.

Examinaremos também que papel desempenhou essa região, algumas gerações mais tarde, na derrocada do mundo clássico maia, como é demonstrado principalmente nas profundas modificações que apresentam as estelas de Seibal desde meados do século IX. Por enquanto, porém, deixando por um tempo à parte o núcleo da área central maia, passemos em revista as demais grandes províncias maias das Terras Baixas, a começar pela bacia de Usumacinta.

2. A bacia do Usumacinta

PIEDRAS NEGRAS — Muitas cidades dessa região rivalizam entre si tanto pelo porte como pelo número e qualidade de sua escultura. Umas das mais antigas e importantes, Piedras Negras, situa-se à margem direita do rio Usumacinta, do lado guatemalteco, suas principais edificações agrupando-se ao redor de uma série de terraços dispostos entre as ondulações do terreno, fortemente escarpado, e ao que parece sem relação com o rio que corre nos contrafortes. Entretanto, como observa Horst Hartung,[17] uma análise minuciosa do plano de massas de Piedras Negras põe em evidência o papel decisivo desempenhado por certos eixos visuais que, passando pelo centro dos dois campos de jogo de bola, determinam uma série de relações — de acentos às vezes sutis — entre os elementos essenciais da composição. Essas linhas de referência, inteiramente virtuais, estão exatamente orientadas em direção aos pontos cardeais, enquanto as construções dão antes a impressão de estarem, elas mesmas, dispostas ao acaso. Esse estudo é confirmado pelas interpretações de caráter histórico realizadas por Tatiana Proskouriakoff[18] a respeito dos textos glíficos de Piedras Negras e do modo como se sucedem os monumentos que levam essas inscrições.

Desde o início do período clássico, a arquitetura de Piedras Negras demonstra íntimas afinidades com o estilo de Petén, o que se pode observar pela evolução de edifícios como o templo K5,

---

[17] Horst Hartung. *Die zeremonialzentren der Maya*. Graz, 1972.

[18] Tatiana Proskouriakoff. "Historical implications of a pattern of dates at Piedras Negras". *American Antiquity*, 1960, col.25.

cuja base piramidal corresponde ao modelo de Tikal: ângulos desbastados e frequentemente arredondados, molduras e outros elementos característicos, e também a parte posterior do santuário recoberta de uma *cresteria* maciça. A tendência à verticalidade, entretanto, é menos acentuada; por outro lado, uma análise mais profunda de certos conjuntos majestosos dessa cidade revela, em alguns locais, uma leveza raramente presente em Tikal, e cuja origem poderia localizar-se na cidade de Palenque, situada a noroeste. Tal é o caso, por exemplo, da Acrópole de Piedras Negras, que se comunica com a Praça Oeste por meio de uma grande escadaria, e cujas edificações, escalonando-se até o cume de uma colina, se organizam em torno de uma sucessão de terraços artificiais, a passagem de um grupo a outro efetuando-se através de largas galerias cobertas, com numerosos acessos (os quais, como os do Palácio Palenque, exibem a graça de um verdadeiro pórtico). Mesmo alguns santuários, em contraste com outros, são visivelmente inspirados no modelo de Palenque que, como veremos, é de uma concepção inteiramente "revolucionária".

Graças principalmente à sua escultura, Piedras Negras ocupa lugar de destaque na arte maia. Não bastando ter erigido todos os 7.200 monumentos comemorando a passagem de um *katún* a outro (como era então o costume nas cidades maias mais prósperas), Piedras Negras é a única a ter esculpido sem interrupção, durante mais de 200 anos entre 608 e 810 da nossa era, estelas marcando o fim de cada *hotún* ou período de 1.800 dias. Além disso, quer se trate de uma estela, das fundações de um altar, de uma verga ou de um trono em pedra, as esculturas de Piedras Negras atestam grande criatividade, tanto pelo tema como pela concepção plástica, onde às vezes estão combinados, simultaneamente, todos os recursos da arte do relevo. Certas estelas, por exemplo, representam cenas de "ascensão" (simbolizando sem dúvida a ascensão ao poder ou entronização), cujo personagem principal, sentado de frente sobre uma almofada, com as pernas dobradas, destaca-se sozinho, em alto-relevo, no interior de um nicho, em violento contraste com a superfície do monólito, delicadamente esculpida em baixo-relevo. Outras, resgatando o espírito místico dos primeiros tempos, apresentam uma composição onde, de forma original —

como observa Beatríz de La Fuente[19] —, "se fundem dois planos, o mundano e o sobrenatural". Esse é o caso da estela 5 (ano 716), onde o *halach uinic*, sentado no trono, com o cetro na mão, está colocado ostensivamente sob a proteção de uma divindade, cujo maxilar superior recurvado se prolonga acima da cabeça, à maneira de um dossel, e no qual — agitando-se em poses simiescas — aparecem os pequenos, "gnomos" da mitologia maia, sendo o todo encimado por um pássaro portando uma máscara grotesca. Se a atmosfera aqui é de uma exuberância toda maia, a enorme estela 40 (ano 746), ao contrário, é de uma rara sobriedade, pontilhada aqui e ali de detalhes rebuscados, que uma execução preciosista torna ainda mais comovente: humildemente ajoelhado e vestido com simplicidade, o grande sacerdote que figura no registro superior faz o gesto do semeador, enquanto, de um ângulo inferior, emerge o busto suntuoso de uma divindade antropomórfica.

De espírito mais marcial, a estela 12 (onde, sob a guarda de dois guerreiros, um grupo de prisioneiros é levado à presença do chefe supremo) é um exemplo magistral tanto de composição quanto de execução. Inaugurada em 795, essa escultura representa bem o lado dominador de certos dirigentes maias da época, ao mesmo tempo em que constitui uma das obras-primas saídas das oficinas de Piedras Negras. Admiravelmente adaptada à forma ligeiramente irregular do monólito, a cena, buscando um efeito de perspectiva "ascendente", começa, na parte inferior, por um grupo compacto de cativos em atitudes muito variadas. Ao centro da composição, entre dois guardas, o chefe dos cativos, colocando a mão esquerda sobre o ombro direito em atitude de submissão, volta o rosto em direção ao jovem chefe, que está com a mão esquerda pousada naturalmente sobre a perna esquerda flexionada, enquanto a outra perna pende para o solo. O artista soube imprimir à cena um movimento e um sentido da hierarquia incomuns; a profundidade do relevo vai em um crescendo de baixo para cima, onde uma das longas plumas de *quetzal* que coroam o enorme barrete do principal personagem destaca-se em terceira dimensão. Uma com-

---

[19] Beatríz de La Fuente. "La escultura maya clásica en la provincia del Usumacinta, Mexico." *Artes de México*, 1974, nº 167.

binação semelhante de todos os recursos da arte do relevo reencontra-se na famosa verga 3 (ano 761) que, dentro de um gênero muito mais preciosista, constitui verdadeira façanha da arte maia. A cena, de uma veracidade impressionante, representa uma reunião do conselho, na qual, diante de jovens nobres e de membros da família reinante, um grupo de dignitários está sentado no solo mesmo, enquanto, do alto do trono ricamente ornamentado, em cujo rebordo apoia sua mão, o príncipe se inclina em direção aos mais idosos de seus conselheiros. Deve-se mencionar finalmente o trono 1, cujo espaldar representa uma enorme máscara de divindade cujos olhos, de órbitas profundas, servem como enquadramentos aos bustos de dois personagens parecendo comunicar-se de uma órbita à outra! Há um outro espaldar de trono (que hoje pertence a uma coleção particular, sendo muito provavelmente proveniente de Piedras Negras) no qual estão recortadas em relevo, sobre um fundo particularmente profundo, as silhuetas de dois personagens voltados um para o outro, em atitude muito natural.

YAXCHILÁN — Situadas mais acima, na margem esquerda do Usumacinta, do lado mexicano, as construções de Yaxchilán — tanto as situadas sobre a esplanada inferior que serpenteia ao longo das escarpas como as erigidas sobre os principais taludes do terreno — são essencialmente orientadas para o rio, ao contrário das de Piedras Negras, embora guardando entre si certas semelhanças visuais. Assim, enquanto os templos de Piedras Negras conservam um estreito parentesco estilístico com os de Tikal, os de Yaxchilán parecem dispensar deliberadamente o emprego da pesada cumeeira sobre o muro posterior do santuário para se lançar a soluções diferentes, às vezes mais próximas das tradições em voga na península de Yucatán ou em Palenque.

No domínio da escultura, mais ainda que por suas estelas (dentre as quais se encontra a imponente estela 11, de 752, que de um fado apresenta uma cena de transmissão de poder e, de outro, três personagens ajoelhados aos pés do príncipe "Pássaro-Jaguar"), é pela profusão e beleza de suas vergas em pedra que Yaxchilán ocupa lugar especial, a começar pela verga 48, que remonta ao ano 525 e contém uma das mais belas inscrições glíficas maias. Marcadas por um caráter anedótico e histórico particularmente acentuado, essas vergas foram interpretadas de forma altamente sugestiva por Tatiana Proskouriakoff,[20] que sublinha em particular o caráter guerreiro de dois soberanos da dinastia "Jaguar", reinante em Yaxchilán durante o século VIII, dos quais alguns traços parecem indicar que se trataria de usurpadores originários da região Puuc de Yucatán. A verga 8, datada de aproximadamente 755, mostra "Pássaro-Jaguar" e seu companheiro de armas capturando com as mãos dois personagens importantes, inclusive "Crânio com Joias" (Figura 8); essa proeza se conservará, daí por diante, inscrita como um de seus títulos de glória, acompanhando seu nome em todas as inscrições posteriores a seu respeito.

Além dessa face belicosa, tão frequentemente representada em Yaxchilán, outros temas estão presentes sobre essas vergas,

Figura 8. Verga 8 de Yaxchilán. Ano 755. Cena representando a captura de "Crânio com Joias" por "Pássaro-Jaguar", segundo interpretação de Tatiana Proskouriakoff. Desenho de Paul Gendrop, adaptado de Michael D. Coe e Ian Graham.

[20] Tatiana Proskouriakoff. "Historical data in the inscriptions of Yaxchilán, Mexico". *Estudios de Cultura Maya*, 1963-1964, vols.3 e 4.

Figura 9. Verga 25 de Yaxchilán. Ano 780 (?). Desenho de Paul Gendrop.

cujos baixos-relevos, rebuscados e sensuais, se recortam em silhueta sobre um fundo fortemente pronunciado. Coberta de tecidos ricamente bordados, uma mulher neles aparece com frequência, ocupando às vezes uma posição predominante, sobretudo nas cenas de autossacrifício e nas alucinantes "aparições" de um jovem deus que surge em armas das mandíbulas desmesuradamente abertas de uma serpente fantástica, sob o olhar extasiado de uma sacerdotisa de joelhos (Figura 9).

Bonampak — Além do interesse nada negligenciável de sua escultura, a modesta "Acrópole" de Bonampak, situada a sudoeste de Yaxchilán, ocupa lugar excepcional dentro do panorama da arte maia, tanto pelo valor documental como pela beleza de suas pinturas murais, onde a segurança das linhas se alia a um sentido muito desenvolvido da composição e a uma palheta particularmente rica. O "prisioneiro" moribundo é uma verdadeira peça de bravura, sem falar dos mil recursos sutis por meio dos quais o "mestre de Bonampak" soube dotar suas cenas de um sopro de vida que ultrapassa de longe o aspecto tão frequentemente pesado e convencional da arte monumental maia.

Palenque — Situada nos contrafortes iniciais da serra de Chiapas, Palenque apresenta uma localização excepcional, de onde domina, do alto de suas imensas esplanadas artificiais, a planície de Tabasco, ao norte. Os cursos de água que atravessam a cidade foram captados e canalizados, em alguns lugares, para dentro de aquedutos subterrâneos. O que não fora até a metade do século VI mais que um aglomerado sem importância bruscamente despertará, no espaço de alguns decênios, para se tornar um dos mais fervilhantes centros de arte maia. Sob a influência de soberanos esclarecidos, dentre os quais se destaca a figura do grande Pacal,[21] escultores e arquitetos empreendem em Palenque, desde fins do século VII, uma profunda revisão dos elementos tradicionais maias, aos quais darão um aspecto renovado, muitas vezes "revolucionário". Em matéria de escultura, por exemplo, o "culto à estela" — tão profundamente enraizado entre os Maias — é substituído por grandes painéis de pedra calcária, esculpidos em relevo muito sutil, encaixados nas paredes internas dos principais edifícios, ao mesmo tempo em que, no exterior, fachadas, tetos inclinados e *cresterías* se cobrem de belos relevos modelados em estuque.

Quanto à arquitetura de Palenque, esta tende, desde as suas primeiras manifestações, a ampliar os espaços interiores, chegando

---

[21] Peter Mathews e Linda Schele. "Lords of Palenque, the glyphic evidence". *Primeira Mesa Redonda de Palenque* (Merle Greene Robertson, org.), Pebbe Beach, The Robert Louis Stevenson School, 1974.

Figura 10. Cena de apresentação de prisioneiros. Detalhe de pinturas murais de Bonampak. Desenho de Paul Gendrop, apud Agustín Villagra Caleti.

muito rapidamente a soluções onde a preocupação com a estrutura e com a função se alia de forma harmoniosa aos múltiplos imperativos de ordem estética. As particularidades dessa renovação arquitetônica aparecem com eloquência em certos santuários mais bem conservados da cidade, tais como os templos da Cruz e do Sol, onde, de imediato, se é agradavelmente surpreendido pela harmonia de proporções e pela sensação de leveza e delicadeza, e onde somente uma análise minuciosa permite identificar, nesse todo coerente, os componentes sutis (Figura 11). A *crestería* desses templos é concebida como uma estrutura leve de claraboia que, diversamente de Tikal, não repousa sobre a parte posterior do edifício, mas ao próprio centro do teto, apoiando-se diretamente sobre o muro com-

Figura 11. O templo do Sol em Palenque. Ano 690. Reconstituição hipotética de Carlos Villar Medrano, *apud* Paul Gendrop.

preendido entre as duas vigas paralelas. É precisamente aí que reside o segredo dessa amplitude relativa e dessa leveza: o muro central desempenha a função de uma membrana perfurada de portas e de nichos, mas capaz, apesar disso, de servir como núcleo, estabilizada pelo peso da *cresteria*...", conforme observa George Kubler.[22] Assim, em relação estreita com o núcleo central da edificação, essa *cresteria* deixa de constituir obstáculo ao alargamento do espaço entre as vigas — como sempre ocorreu em Tikal — e contribui para tornar mais leves as construções de Palenque, quer se trate de templos ou de palácios. Acrescente-se a isso, à guisa de janelas, algumas elegantes aberturas em forma de cruz ou de "T", assim como, aqui e ali, um friso interior ou pinturas murais, um trono parcialmente engastado em um muro, ou um desses admiráveis painéis que, tal

[22] George Kubler. *The Art and Architecture of Ancient America*. Harmondsworth, Penguin Books, 1962.

como se tivessem sido cinzelados pela mão de um ourives sobre uma bela pedra calcária de grão muito fino, constituem um dos expoentes de arte maia, "essa arte que" — exclama Beatríz de La Fuente[23] — "alcança aqui o ideal do homem maia", como se pode apreciar na imagem despojada do "escriba ajoelhado" (Figura 12).

Figura 12. A arte maia e os artistas: **a)** Mão segurando um pincel. Desenho entalhado sobre um osso proveniente do túmulo 116 de Tikal. *Apud* William R. Coe. **b)** O "Escriba". Baixo-relevo proveniente do Palácio de Palenque. Desenhos de Paul Gendrop.

Entre as construções mais importantes de Palanque, devemos mencionar finalmente o majestoso conjunto conhecido pela denominação de Palácio, caracterizado pela torre de observação e cerca-

---

[23] Beatríz de La Fuente. *La escultura de Palenque*. México, UNAM, 1965.

Figura 13. Cabeça modelada em estuque, proveniente da Tumba Real de Palenque. Desenho de Paul Gendrop.

do de vastas galerias cobertas, cujas paredes exteriores — praticamente reduzidas a grandes pilastras — conservam algumas das mais belas cenas modeladas em estuque, e o templo das inscrições, que encerra no interior da cripta secreta construída dentro dos alicerces de sua enorme base piramidal (e descoberta por Alberto Ruz Lhuillier)[24] o mais suntuoso túmulo real conhecido no mundo maia: o que contém os restos do soberano Pacal, fundador de uma brilhante linhagem de príncipes construtores e protetores das artes.

3. A bacia do Motagua

COPÁN — Junto com Tikal e Palenke, Copán constitui um dos pontos altos da civilização maia e representa um dos três vértices do que conviria denominar-se o "Triângulo Maia Clássico", em cujo interior está compreendido praticamente tudo de essencial da área

---

[24] Alberto Ruz Lhuillier. *El templo de las Inscripciones, Palenque.* México, INAH, 1973.

central. Apesar de sua posição geográfica relativamente afastada de Petén (no limite sudeste da área maia e atual território de Honduras), Copán ocupou desde cedo, do ponto de vista científico, o primeiro lugar no domínio da astronomia maia (e mesoamericana em geral). Desde a fase pré-clássica média, as estelas 10 e 12, situadas nas extremidades opostas do vale, acentuadamente no eixo leste-oeste, marcam uma linha visual que coincide com o pôr do sol de 12 de abril, dia que — como demonstrou Morley[25] — era sem dúvida aquele que os astrônomos de Copán haviam decretado como propício à primeira fase do ciclo agrícola, que consistia em atear fogo às *milpas* (até hoje, a queimada é feita na mesma época). A estreita abertura vasada na parede oeste do templo 22 de Copán está orientada de modo idêntico, devendo-se observar que nessa região, confirmando aparentemente a diferença entre o calendário de 365 dias e o de 260 dias, o ciclo de cultura do milho dura cerca de 105 dias.

O cômputo dos "meses" lunares — cujo uso foi introduzido no ano 691 sobre os monólitos de Copán, de onde logo se transmitirá a outras cidades maias — garante uma exatidão complementar às inscrições cronológicas. Ultrapassando de longe em precisão todos os calendários até então utilizados por outras civilizações, inclusive a ocidental, o ano tropical maia, tal como era então calculado pelos sacerdotes-astrônomos de Copán — 365,2420 dias —, é de uma aproximação surpreendente, se considerarmos que não difere dos cálculos mais modernos senão por três decimilésimos de dia por ano. Que dizer então das incríveis especulações realizadas em Copán sobre as revoluções sinódicas e os eclipses do planeta Vênus, com cálculos estendendo-se às vezes até milhões de anos?... Com tais eminências no assunto, não é surpreendente que Copán tenha sido repetidamente, durante o século VIII, centro de congressos de astronomia que reuniam representantes de outras cidades (da área maia e talvez até de muito além: de Xochicalco, por exemplo, ao sul do planalto Central mexicano).

---

25 Sylvanus G. Morley. *The Ancient Maya*. Stanford, Stanford University Press, 1956.

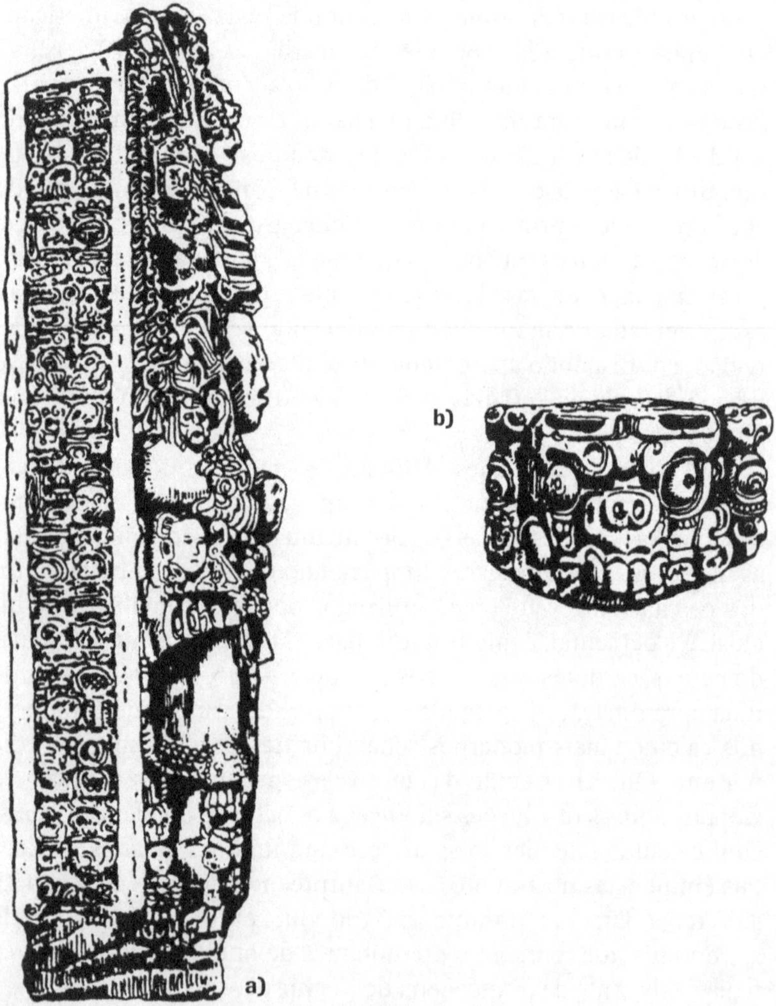

Figura 14. A escultura monumental de Copán: **a)** Estela A, ano 732; **b)** Altar D, ano 757. Desenho de Paul Gendrop, *apud* Frederic Catherwood.

Centro intelectual de primeira grandeza, Copán oferece além disso o espetáculo de um local extremamente alegre, com suas principais construções agrupando-se em torno da Grande Praça e da Acrópole (cujos níveis estão artificialmente elevados em relação ao rio), no centro de um pequeno vale fértil. Dentro de uma concepção majestosa — e às vezes muito flexível —, plataformas cerimoniais e numerosas tribunas se alternam com os templos e outras edificações, determinando gigantescas esplanadas, demarcadas aqui e ali por grandes monólitos, os quais, situados ao pé de santuários ou alinhados ao longo dos principais eixos visuais, sublinham a composição do conjunto. Desde o início do século, afirma-se aqui uma sensibilidade artística que, rompendo com os modelos implantados por Petén, irá comunicar à escultura de Copán uma opulência toda particular. Mais altas e menos achatadas que em Tikal, as estelas saídas das oficinas de Copán, embora respeitando o tema de suas congêneres (o *halach uinic* de pé, geralmente segurando a barra cerimonial em forma de serpente bicéfala), se aproximam substancialmente da escultura em alto-relevo, na medida em que os personagens representados se destacam do bloco de pedra em três lados, um alto-relevo aliás muito pronunciado e cada vez mais arredondado. Observemos a esse propósito que a estatuária em alto-relevo — muito apreciada pelos Olmecas — estava praticamente ausente da arte maia, sendo uma das exceções mais notáveis as esculturas de Toniná (a oeste de Usumacinta), dentre as quais são particularmente dignas de menção algumas extraordinárias estátuas de prisioneiros ajoelhados.[26]

Transbordando dos contornos do monólito e até vasadas em alguns pontos, as estelas do século VII (nas quais, em faces opostas, figuram às vezes os dois soberanos que compartilhavam o poder) atingem tons de um lirismo que não pode ser qualificado senão como "barroco". Quanto aos altares que tão frequentemente as acompanham (Figura 14), estes assumem, em sua maioria, o aspecto inquietante de animais fantásticos: tartarugas, sapos ou serpentes

[26] Pierre Becquelin e Claude Baudez. "Toniná, une cité maya de l'âge classique". *Archeologia*, 1975, nº 80.

bicéfalas, crocodilos, máscaras grotescas etc. Por toda parte, em violento contraste com os panos despojados das bases piramidais, dos degraus e dos muros da fachada, jorra uma profusão de esculturas de um relevo vigoroso, dentro de uma efervescência plástica incomparável em toda a Mesoamérica. Admiravelmente reconstituída por Tatiana Proskouriakoff,[27] a famosa Escadaria Hieroglífica é sem dúvida o exemplo mais espetacular dessa arte, com a massa de esculturas do eixo central recortando-se em forte relevo sobre os 2.500 signos, aproximadamente, que, como um tapete ricamente bordado, constituem o texto glífico. A doce fisionomia de um jovem deus do milho, proveniente das ruínas do tempo (Figura 15), encarna à perfeição o ideal estético de Copán. Essa integração entre escultura e arquitetura produz um efeito ainda mais dramático no caso da Tribuna dos Espectadores, da Escadaria dos Jaguares e do templo 22, onde, no inimitável estilo de Copán, se fundem elementos cuja origem parece provir das regiões centrais de Yucatán.

Figura 15. Jovem deus maia do milho. Escultura proveniente das ruínas do templo 26 em Copán. Desenho de Paul Gendrop.

---

[27] Tatiana Proskouriakoff. *An Album of Maya Architecture.* Washington, Carnegie Institution, 1946.

QUIRIGUÁ — Situada mais ao norte, em território da Guatemala, a cidade de Quiriguá deriva de Copán o essencial de sua evolução cultural, tanto por seu plano de massas quanto pela concepção de seus monólitos que, se não chegam a igualar a sensualidade e espírito criativo de seus modelos, os ultrapassam pelo menos em suas dimensões. Com efeito, as estelas erigidas em Quiriguá a partir do ano 751 variam entre cinco e dez metros de altura, mas o personagem representado permanece enrijecido, apesar das tentativas de intensificação do claro-escuro, sobretudo nos contornos da fisionomia. A execução, porém, não carece de qualidade, e determinadas inscrições glíficas se contam entre as mais refinadas. Os famosos "zoomorfos", esculpidos em imensos blocos medindo até 4m de comprimento, parecendo estranhos animais encarquilhados, constituem às vezes verdadeiras "fantasias tropicais", tais como a "Grande Tartaruga", em cujas caprichosas dobras, glifos, gnomos e outros elementos aparecem e desaparecem em sucessão vertiginosa.

4. A península de Yucatán

Da majestade dos templos de Tikal à opulência de Copán, passando pela delicadeza dos edifícios de Palenque, passamos em revista as características essenciais de cada uma das regiões da área maia central. Apesar das diferenças marcadas quanto aos modos de expressão entre uma região e outra, às vezes mesmo de uma cidade para outra, uma certa unidade cultural se faz sentir dentro dessa área central maia, onde, por exemplo, se concede uma importância primordial à construção periódica de monumentos datados que, no plano artístico, encontram sua expressão de preferência na escultura em alto-relevo e principalmente em baixo-relevo, seja independente da arquitetura ou nela incorporada. Assinala-se também a escultura progressivamente mais refinada, onde se emaranham linhas ondulantes, de uma sensualidade que frequentemente atinge acentos barrocos. A área setentrional, em contrapartida, caracteriza-se antes pela tendência a empregar, em sua escultura mais estreitamente subordinada à arquitetura, motivos geométricos em que predomina a linha reta. Além disso, o emprego de

Figura 16. Estatuetas da ilha de Jaina: **a)** Jogador de bola; **b)** Jovem ao espelho; **c)** Jovem tecendo. Desenho de Paul Gendrop.

estelas e de inscrições glíficas é, em geral, muito menos frequente ao norte, com exceção de alguns locais, como Cobá, Oxkintok, Xcalumkín, Edzná etc. Seria incorreto, no entanto, pretender reduzir a esses esquemas simplistas um fenômeno tão complexo, cuja cronologia às vezes ainda é incerta. Assim, na zona árida do noroeste da península, Dzibilchaltún — que tem uma longa trajetória remontando ao período pré-clássico — constrói, durante a fase clássica média, seu curioso templo das Sete Estatuetas, o único edifício mesoamericano munido de verdadeiras janelas, e cuja extensão ultrapassa mesmo a de Tikal! Acancéh, desde o início do período clássico, constrói um santuário inspirado na pirâmide E-VII-sub de Uaxactún, e em seguida modela uma frisa em estuque, da qual muitos motivos parecem provir em linha direta de Teotihuacán. Cobá, que possui uma impressionante rede de *sacbé-oob* ou "caminhos brancos", um dos quais conduz em linha direta a Yaxuná, quase 100km a oeste, erige imensas pirâmides de ângulos desbastados, relembrando fortemente as de Tikal. Xcalumkín, por volta da metade do século VIII, constrói seu templo da Série Inicial. E a pequena ilha de Jaina, que é então uma necrópole de primeira ordem, produz as mais extraordinárias estatuetas em terracota, galeria viva de personagens em que à fineza de execução e à minúcia do detalhe se alia um agudo senso de observação (Figura 16). Observa-se que, por seu estilo — não obstante a relativa proximidade em relação às regiões de Chenes e Puuc —, essas deslumbrantes estatuetas mostram uma estreita afinidade com a arte maia da área central (e particularmente da bacia de Usumacinta).

5. As províncias Río Bec e Chenes

Imediatamente ao norte de certas cidades que, como Calakmul, pertencem à esfera de influência de Tikal e ao estilo do "grande Petén", no limite entre a área central e a setentrional, situa-se a província de Río Bec, então muito próspera graças a uma agricultura intensiva e caracterizada por um estilo regional tão insólito quanto difundido. Quer se trate de uma aglomeração relativamente importante (como a cidadela fortificada de Becán, Hormiguero ou os diversos grupos denominados Río Bec) ou de um lugar minúsculo como Xpuhil, pelo menos um dos edifícios principais comporta invariavelmente estranhas torres, simulando até o mínimo detalhe os templos-pirâmides de paredes abruptas e escadaria impraticável, mas cuja simples presença devia possuir alto valor simbólico para a liturgia da região (Figura 17a). Isso não exclui absolutamente a existência eventual de muitos outros edifícios de funções e aspectos diversos, dentre os quais verdadeiros templos-pirâmides e complicados conjuntos polivalentes, apresentando às vezes soluções radicalmente diferentes de uma fachada a outra.

a)

b)

Figura 17. Arquitetura da região do Río Bec **a)** O edifício I de Xpuhil. Desenho de María de Los Ángeles Mercado Mendoza, segundo a reconstituição hipotética de Tatiana Proskouriakoff; **b)** Edifício II de Chicanná. Reconstituição hipotética de Paul Gendrop.

Um motivo que se repete incansavelmente através de numerosos exemplos dessa arquitetura é o pórtico em forma da garganta escancarada de Itzamná, o deus criador maia, tal como pode ser visto tanto no cimo dos templos simulados quanto no centro de um edifício funcional (Figura 17b).

Se a existência de torres imitando os templos-pirâmides delimita o estilo Río Bec, o motivo principal do portal simulando uma goela aberta é comum também ao estilo Chenes, mais ao norte — junto com outros elementos, tais como pequenas colunas ligadas, máscaras de ângulo, gregas, tendas estilizadas e *cresterías* vasadas — faz parte de um repertório mais vasto que engloba, ainda mais ao norte, cidades da região Puuc, como Uxmal, e cuja influência se faz sentir até Chichén Itzá, no nordeste, Tikal, no sul (principalmente no que concerne ao grupo G), e mesmo Copán, na fronteira sudeste da área central. De Río Bec à região acidentada do Puuc, quanto mais se avança para o noroeste da península, mais o arredondado sensual e a ornamentação exuberante cedem lugar a uma arte eminentemente arquitetônica, em que uma escultura de caráter geométrico está subordinada às necessidades de uma composição rigorosa na qual dominam os contornos nítidos e os volumes bem contrastados.

6. A província Puuc

Nada demonstra melhor o estilo dessa arte clássica de Yucatán do que o estilo da região Puuc, cuja sensibilidade artística se situa na extremidade oposta da arte sensual e ondulante da área central. É precisamente em relação à maneira de conceber a arquitetura que se evidenciam com maior intensidade estas duas facetas da arte maia: uma apresentando os contornos flexíveis e ligeiramente arredondados, enquanto a outra tende a simplificar os volumes, ao mesmo tempo imprimindo certo rigor à alternância de superfícies planas e partes esculpidas; uma fazendo acentuado apelo aos sentidos, a outra parecendo submeter-se aos esquemas mais abstratos do intelecto. A arquitetura Puuc recorre antes aos volumes cúbicos, cuja ornamentação não é mais um revestimento vistoso mas se transforma verdadeiramente — como observa Marta Fon-

Figura 18a. Arquitetura da região Puuc: o arco de Labná. Desenho de Roberto Villagas Figueroa, a partir de reconstituição hipotética de Tatiana Proskouriakoff.

cerrada de Molina[28] — em parte integrante da edificação. Ângulos bem pronunciados, molduras bisotadas e um jogo sutil de sombras penetrantes contribuem para sublinhar cada uma das partes de um conjunto harmonioso.

Uma utilização mais flexível da abóbada falsa permite audácias verificadas apenas nessa região, como por exemplo o arco de Labná (Figura 18a). A coluna, jamais adotada pelos Maias da área central, é empregada aqui a fim de tornar mais leve o aspecto das fachadas, alternando-se às vezes com simples portas, como é o caso do palácio de Sayil, um dos grandes clássicos desse gênero, onde se manifesta um sentido bem avançado da composição (Figura 18b). Nessa mesma linha, o palácio do Governador em Uxmal constitui sem dúvida uma das criações mais equilibradas, criação

[28] Marta Foncerrada de Molina. *La escultura arquitectónica de Uxmal*. México, UNAM, 1965.

monumental em que, controlada por mãos de mestres, a extrema riqueza do friso superior se funde em um todo majestoso, cuja originalidade de concepção se harmoniza com rigor e segurança na modulação e alternância dos diversos motivos empregados... Em contrapartida, a influência desse grande estilo se faz sentir em certos locais da província Chenes, mais ao sul, e, estendendo-se para o nordeste até Kulubá, marca profundamente a arquitetura de Chichén Itzá, que será mais tarde o cenário de um "renascimento" maia-tolteca intensamente impregnado de elementos estranhos à tradição maia clássica e do qual voltaremos a falar.

Figura 18b. Palácio de Sayil. Detalhe da fachada do segundo nível. Desenho de Pedro Dozal.

CAPÍTULO IV. O DECLÍNIO DO MUNDO CLÁSSICO

Pois esse mundo clássico chega ao seu final. Por motivos muito diversos, ainda difíceis de discernir em sua totalidade, o frágil equilíbrio político e cultural — que os povos da Mesoamérica haviam conseguido manter durante séculos — pouco a pouco se desagrega, começando por Teotihuacán, que até então brilhara como verdadeiro "farol" espiritual (administrando sem dúvida um *status quo* que Wigberto Jiménez Moreno[29] denomina a *Pax Teotihuacana*), mas cujas influências, amplamente difundidas entre os Maias, não chegaram a alterar substancialmente as tradições culturais desse povo. Parcialmente destruída por um incêndio por volta de 650, a imponente Cidade dos Deuses dá os primeiros sinais de enfraquecimento, desencadeando um processo de declínio que se acentuará bruscamente entre 750 e 800, e envolverá em sua queda consideráveis elementos de uma antiga tradição "mexicana" muitas vezes centenária. O terrível vazio deixado por seu desaparecimento — e preenchido, tanto para o bem como para o mal, por outras cidades do planalto Central, tais como Cholula e Xochicalco — provoca um desequilíbrio que se reflete por toda a Mesoamérica em movimentos migratórios, invasões e mudanças políticas diversas. No vale do Oaxaca, Monte Albán é ocupada pelos Mixtecas, enquanto hordas bárbaras originárias do norte do México começam a varrer o planalto Central.

Na segunda metade do século VIII, atraídos provavelmente pelas dificuldades que debilitam Teotihuacán, os primeiros movimentos migratórios "Pipils" atravessam a área meridional maia, portando uma bagagem cultural que abrange elementos do planal-

---

[29] Wigberto Jiménez Moreno. "Síntesis de la historia pretolteca de Mesoamérica". *Esplendor del México Antiguo*, Centro de Investigaciones Antropológicas de México, 1959, vol.II.

to Central assim como de regiões do golfo do México (inclusive o emprego ritual de "cangas" e "machados" de pedra que se difundirá até a Nicarágua). Os turbilhões provocados por essas migrações não afetam — ao menos aparentemente — as Terras Baixas, que como vimos conhecem, entre o fim do século VII e o início do IX, um desenvolvimento tão generalizado quanto espetacular, retomando sem dúvida o controle de certas rotas comerciais até então exercido por Teotihuacán. Por trás desse inusitado esplendor, porém, germinam sinais precursores da queda próxima: a pressão ao longo da fronteira sudeste, exercida por grupos estrangeiros mais ou menos assimilados à civilização maia; o enrijecimento de uma elite, de uma aristocracia que — conforme comenta Patrick Culbert[30] — "retém para si, por via hereditária, os ganhos acumulados, tornando difícil o acesso ao poder e às riquezas", o advento de certas dinastias guerreiras testemunhando um militarismo crescente e às vezes, talvez, institucionalizado.

É particularmente significativo observar que, para comemorar o fim de um *katún no* ano 790 (9.18.0.0.0.), 19 cidades maias erigem monumentos datados, enquanto em 810 (9.19.0.0.0.) apenas 12 cidades continuam a observar essa prática. E o declínio se acentua de forma dramática com três monumentos inaugurados em 830, no limiar do décimo *baktún* (10.0.0.0.0.), para terminar em 909 (10.4.0.0.0.) com duas datas conhecidas: uma em Quintana Roo e outra em Toniná. Como o soar dos sinos por um príncipe moribundo, essa interrupção no costume de erigir monumentos datados marca, para cada cidade maia, o começo do fim: Copán (801), Yaxchilán (807); Piedras Negras e Quirigá (810); Oxkintok (849); Tikal (869); Jimbal, Uaxactún e Chichen Itzá (889). Enquanto as cidades das Terras Baixas declinam uma após a outra, certos sinais surgem a sudoeste de Petén (em Polol, desde 810, e em Seibal, na região do rio de la Pasión, entre 849 e 889), sugerindo uma fase de hibridação cultural mais ou menos breve, cuja ocorrência apenas adiará por algum tempo o desmoronamento final.

---

[30] T. Patrick Culbert. *The Lost Civilization: The Story of the Classic Maya*. Nova York, Harper and Row, 1974.

J. Eric Thompson[31] atribui essas mudanças, em grande parte, a um grupo denominado "Putún", originário do ramo maia Chontal, o qual, estabelecido no limite ocidental da área maia, no delta dos rios Usumacinta e Grijalva, tinha absorvido progressivamente muitos elementos culturais de filiação mexicana. Povo de navegadores e comerciantes, esse grupo empreendedor e belicoso — que controlava as vias marítimas contornando a península de Yucatán — teria subido o rio Usumacinta, participando talvez das conquistas realizadas durante o século VII pelos príncipes guerreiros de Piedras Negras e Yaxchilán, e, após ter contribuído, por volta de 810, para a queda dessas últimas cidades e para a penetração de elementos "exóticos" em direção a Tikal (via Polol), teria se apoderado, por volta de 849, do sítio estratégico de Seibal, sobre o rio de la Pasión. As estelas erigidas em Seibal entre 849 e 889 — assim como as cenas representadas sobre a cerâmica "Laranja Fina" que, como outras variedades, provém das zonas costeiras de Veracruz e Tabasco — sugerem uma tentativa de coexistência cultural e política que vai durar apenas o espaço de alguns decênios e não chegará a conter um declínio já muito avançado, tanto nessa como em outras regiões. É igualmente provável que, sob o nome de "Itzá", um ramo desse grupo Putún tenha conquistado Chichén Itzá por volta de 918, e que outro ramo colocado sob as ordens de Tutul Xiú se tenha apoderado de Uxmal um pouco mais tarde. A implantação, em lugares-chaves de Yucatán, desses grupos já fortemente impregnados de uma cultura híbrida teria facilitado a penetração definitiva, nas proximidades do século XIX, de um importante contingente tolteca proveniente do planalto Mexicano (e destinado a dominar, a partir da nova capital maia-tolteca de Chichén Itzá, uma parte considerável da península).

É bastante significativo analisar as etapas finais da vida clássica em Tikal. Em 810, em uma suprema afirmação de megalomania, um soberano obeso e vaidoso inaugura o templo III, no qual — após prolongado intervalo que a derrocada de outras cidades maias explica facilmente — uma estela de estilo pomposo e con-

---

[31] J. Eric S. Thompson. *Maya History and Religion*. Norman, University of Oklahoma Press, 1970.

vencional é erigida em 869, última tentativa de continuar a tradição. Depois disso, apenas o pequeno sítio periférico de Timbal erigirá, em 879 e 889, duas outras estelas em que figuram muitos traços insólitos. Em seguida, nada mais irá preencher, em Tikal, o vácuo horrível em matéria de criação de monumentos. O abandono, entretanto, não é total: reduzida a cerca de 1/10 de seus efetivos, aparentemente privada da autoridade de velha aristocracia, uma população cada vez mais inculta produz, ainda por algum tempo, uma cerâmica de inspiração estrangeira e — para proporcionar a si mesma, sem dúvida, a ilusão de uma vida cerimonial tão ativa quanto no passado — se contenta em trocar de lugar algumas estelas arrancadas de seu contexto original e algumas vezes até mesmo danificadas. Chega-se até a transformar, mais por ignorância do que por impiedade, um fragmento de estela ou de "altar" em... uma mó! Finalmente, pilham-se os túmulos e se profanam os antigos santuários, neles se acampando. Portanto, tudo parece indicar que, por uma razão ou por outra, a ordem que reinava nos tempos clássicos rompeu-se para sempre, dando lugar a uma triste paródia de culto e a uma ocupação selvagem que prenuncia o abandono total e definitivo.

Sem dúvida complexas e múltiplas, as causas desse declínio maia estão longe de ser conhecidas; e aqui nos contentaremos em enumerar algumas hipóteses que nos parecem as mais plausíveis entre todas as formuladas até o presente (e recentemente analisadas por Patrick Culbert)[32] a começar pelos flagelos naturais, como epidemias, secas, inundações, terremotos, furacões, mudanças climáticas radicais etc. Uma brusca ruptura do equilíbrio pode ter afetado as possibilidades de produção do solo e prejudicado as necessidades alimentares de uma população que, próximo ao fim do período clássico, devia praticamente duplicar-se de uma geração a outra. Ainda mais difíceis de discernir são as catástrofes causadas pelo próprio homem: invasões maciças (aparentemente pouco prováveis no contexto da época); pressão de grupos periféricos; turbilhões provocados pela passagem de vagas migratórias;

---

[32] T. Patrick Culbert. *The Classic Maya Collapse*. Albuquerque, University of New Mexico Press, 1973.

militarismo crescente que — dentro do fenômeno da "escalada" — ultrapassa o estágio de simples incursões ou expedições punitivas visando empreender guerras de conquista, guerras intestinais ou insurreições de "trabalhadores", acarretando o exílio ou a destruição da classe dirigente, o desmembramento das rotas de comércio e, a longo prazo, a desintegração da própria sociedade. Não se pode evocar sem calafrio a hipótese "suicida", segundo a qual, presa às ciladas de seus próprios oráculos e principalmente ao cicio inexorável dos *katúns*, a elite intelectual teria simplesmente baixado as armas diante de um fracasso fatalista inscrito pela eternidade nos astros. Observando o intervalo — 13 *katúns* exatamente — que separa o ano 534 (início do "hiatus"), do ano 790 (ponto culminante na ereção de monumentos comemorativos), Gordon Willey[33] se pergunta se um não prefigura o outro, à maneira de um "ensaio" teatral... Enquanto Dennis Puleston[34] sugere que o segundo poderia representar perfeitamente uma *reprise* do anterior, reapresentação que, uma vez desencadeada, teria sido empurrada por seu próprio impulso e — misturando-se a outros acontecimentos nefastos — teria por fim escapado a toda tentativa de recuperação.

Nesse desastre, muitos dos elementos que faziam o esplendor do mundo clássico desaparecerão para sempre, e apenas algumas cidades sobreviverão: Uxmal e Chichén Itzá, no norte, Barton Ramie, a leste, Cotzumalhuapa, ao sul, e, fora da área maia, El Tajín, em Veracruz, Xochicalco, no vale do Morelos, Cholula e Cacaxtla, em Puebla. De um realismo inesperado nessas regiões do planalto Mexicano, as pinturas murais de Cacaxtla retratam, entre elementos de origens muito diversas, protagonistas que comprovadamente são maias. Cholula, por sua vez, retoma a seu favor o papel de centro de peregrinação que pertencera a Teotihuacán,

---

33 Gordon R. Willey. "The Classic Maya Hiatus: a 'rehearsal' for the collapse?". *Mesoamerican Archaeology: New Approaches*. Londres, Edit. Norman Hammond, 1974.

34 Dennis Puleston. *An epistemological pathology and the collapse, or why the Maya kept the Short Count*. Cambridge, Second Symposium on Recent Research in Mesoamerican Archaeology, Ed. Norman Hammond, 1976.

enquanto, do ponto de vista artístico, constitui um ramo não desprezível do complexo "Misteca-Puebla" que dominará as artes ditas "menores" durante praticamente todo o período pós-clássico. Quanto a Xochicalco, verdadeira encruzilhada de influências onde se fundem elementos originários não só de regiões, mas também de épocas diferentes, ocupará um lugar particularmente importante durante essa fase de transição, principalmente no que concerne ao despertar de Tula, a futura capital tolteca.

CAPÍTULO V. O Período Pós-Clássico

Com a chegada dos Toltecas a Tula, em fins do século X, uma nova ordem se instaura na Mesoamérica, que será retomada por outros povos (dentre os quais os Astecas constituirão, segundo Miguel Covarrubias,[35] "a última chama e a mais espetacular"). Já latente em muitas regiões, o militarismo se aperfeiçoa e passa a constituir assunto de Estado; a partir daí se verá o guerreiro ocupar o lugar até então reservado exclusivamente ao sacerdote. Instauram-se sacrifícios maciços e, dentre os ricos tributos arrancados aos povos submetidos, começam a aparecer objetos de ouro, prata, cobre, metais que, ainda que tardiamente, fazem enfim a sua aparição na Mesoamérica. Enquanto Tula controla, a partir do planalto Central, um território bem vasto, um grupo importante de Toltecas (talvez contratados como mercenários pelos dirigentes locais) toma o poder na antiga Chichén Itzá, transformando-a no centro de um "renascimento" maia intensamente impregnado do novo espírito tolteca.

Na nova Chichén Itzá que cresce sob a tutela de seus novos senhores, respira-se uma grandeza e uma magnificência que fazem empalidecer a longínqua metrópole de Tula. Suntuoso, trabalhado pela mão do artista maia, o belicoso e macabro repertório tolteca — digno desses bárbaros recentemente civilizados — é retomado incansavelmente ao lado de certos elementos da velha tradição clássica maia. Impressionantes cabeças de serpentes emplumadas e presas ameaçadoras projetam-se dos lados baixos das escadarias, onde o corpo de colunas serpentiformes, com a cauda de guizos, se recurva na parte dianteira da verga. Acrescentem-se frisos orna-

[35] Miguel Covarrubias. *Arte indígena de México y Centro-América*. México, UNAM, 1961.

Figura 19. Sacrifício humano. Detalhe de uma pintura mural de Chichén Itzá. Desenho de Paul Gendrop, *apud* Ann Morris.

dos de águias ou de jaguares devorando corações humanos; alucinantes crânios de vítimas empaladas e cerradas em fileiras compactas, que constituem o terrível *tzompantli* ou plataforma de sacrifício; e os orgulhosos guerreiros toltecas desfilando em seus trajes característicos sobre os muros e pilastras dos templos, e aparecendo frequentemente nas cenas de conquista. A arquitetura oferece igualmente um aspecto revolucionário, devido sobretudo ao emprego — como em nenhuma outra parte da Mesoamérica, por sinal — de múltiplas colunas, formando amplos peristilos. É nesse momento então que a *cresteria* é substituída definitivamente por fileiras de emblemas colocados ao redor dos tetos, à maneira mexicana, enquanto outros elementos permanecem dentro da antiga tradição maia (como as molduras bisotadas ou as máscaras de Chac, o deus da chuva de nariz recurvado).

Por atenuados que sejam os acentos bárbaros — com seu confuso aparelho de guerra e seu ritual sanguinário enxertado no velho tronco maia pelos novos senhores toltecas —, nem por isso a nova Chichén Itzá deixará de ser a última manifestação monumental em território maia. A Tríplice Aliança que haviam articulado as cidades de Chichén Itzá, Uxmal e Mayapán, a fim de partilhar o controle político da península, não ultrapassa o primeiro quartel do século XIII. Com a queda de Chichén Itzá, termina afinal uma tradição arquitetônica mais do que milenária... Mayapán, que a sucede entre 1224 e 1461, e cujo centro cerimonial não é senão "uma cópia em miniatura de Chichén Itzá" — como diz Pollock[36] —, tenta em vão restabelecer certos costumes maias da idade de ouro (como a ereção de estelas datadas e da disposição de edifícios em quadriláteros). Mas a prática do Cálculo Longo já se acha há muito tempo abandonada em proveito de um sistema simplificado ou mais vago, denominado Cálculo Curto. Em compensação, da tradição oral, tão profundamente enraizada nessas regiões, sobreviverão as crenças e as antigas profecias recolhidas nos chamados *Livros de Chilam Balam*, uma das mais ricas fontes de documentação indígena. Quanto à arquitetura e outros ramos de arte, nada mais poderá deter uma degenerescência progressiva, a tal ponto que, apenas um século após o declínio de Mayapán, ao empreender a conquista de Yucatán, os espanhóis encontrarão a península inteira mergulhada em completo caos cultural e político, do qual somente as pequenas cidades da costa do Caribe parecem ter escapado em parte.

Ao longo de todo o litoral oriental de Yucatán vão se assinalando cidades, algumas das quais fortificadas, sem dúvida devido à instabilidade política da época. Tulum, cuja existência remonta ao período clássico, constitui um exemplo particularmente característico do estilo regional, com seus edifícios de guarda e suas muralhas quase intactas, perfuradas por algumas portas estreitas. Certos elementos arquitetônicos ligam-se inevitavelmente à arte

---

36 H.E.D. Pollock. "Architecture of the Maya Lowlands". *Handbook of Middle American Indians*, vol.2, parte 1.

maia-tolteca, enquanto a pintura mural apresenta afinidades com a tradição "Mixteca-Puebla", a outra corrente artística que, paralelamente ao repertório tolteca, domina o panorama pós-clássico. Por trás, porém, desse aspecto agradável de uma arquitetura com os muros das fachadas curiosamente encurvados, escondem-se uma pobreza de execução e uma exiguidade que refletem bem o nível cultural da época... O que não impede que a ilha de Cozumel seja então um dos centros de peregrinação mais reputados da área maia, com seu santuário dedicado a Ix Chel, o companheiro de Itzamná, deusa da lua, protetora da medicina e dos partos (Figura 20a).

Enquanto a península de Yucatán, destroçada pelas rivalidades entre pequenos Estados decadentes, mergulha cada vez mais na anarquia, alguns raros redutos de civilização maia se agarram a certos cantos da floresta tropical — sobre os lagos do Petén, por exemplo — como Topoxté, que tenta, entre 1200 e 1400, um retorno às tradições clássicas; ou Tayasal, sobre o lago Flores, onde os descendentes de Itzá emigrados continuariam a viver isolados do mundo exterior até sua rendição em 1697 (ou seja, mais de 150 anos depois da conquista dos territórios circunvizinhos pelos espanhóis!...).

Na outra extremidade da área maia, as Terras Altas da Guatemala constituíam um dos mais importantes centros de uma civilização ainda viva, embora passavelmente híbrida e relativamente decadente. Essa região que, como vimos, desempenhara um papel determinante por ocasião das fases formativas, e depois dera origem ao verdadeiro enclave de Teotihuacán, durante a fase clássica média, não participou mais que de forma nitidamente marginal da "Belle Époque" maia. As migrações sucessivas não fizeram depois senão acentuar uma "mexicanização" progressiva, a tal ponto que, com seus templos geminados e suas inúmeras escadarias flanqueadas de volumes salientes "à mexicana", as cidades fortificadas da época — tais como Iximché, Mixco, Viejo ou Cahyup — apresentavam semelhança bem maior com as tradições arquitetônicas chichimecas e astecas, então em voga no planalto Central, do que com as antigas tradições maias clássicas de Petén, Motagua ou

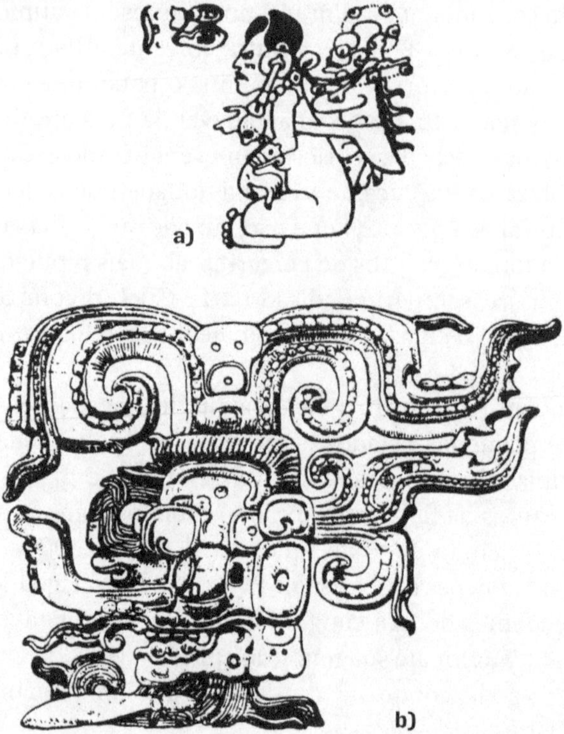

a)

b)

Figura 20. As divindades maias: **a)** A deusa lunar portando como fardo o deus da morte. *Codex Dresdan*, p.17; **b)** Perfil de Itzamná, o deus criador maia. Detalhe de uma verga em madeira proveniente do templo IV de Tikal. Desenhos de Paul Gendrop.

Usumacinta. Conscientes — e orgulhosos — de sua remota filiação mexicana, os Quichês e outros povos belicosos das Terras Altas não encontravam menos motivos para vaidade em sua velha origem maia, da qual conservavam uma tradição oral intensamente viva. Dessa tradição, o padre Brasseur de Bourbourg recolheu, no século passado, belíssimas joias, tais como o *Popol Vuh* e o maravilhoso poema épico *Rabinal Achí*.

Concluiremos com estes excertos do *Chilam Balam* de Chumayel, que retratam a amarga reação dos Maias de Yucatán diante da penetração dos conquistadores espanhóis (os *Dzules*, ou estrangeiros, vistos antes como deuses!...):

A lua, o vento, o ano, o dia: tudo caminha, mas também passa. Todo sangue chega ao lugar de seu repouso, assim como todo poder chega ao seu trono... [Mas] vieram os *Dzules* que transtornaram tudo. Eles ensinaram o terror, eles secaram as flores, sugando até ferir a flor [honra] dos outros para poderem fazer sobreviver a própria... Não havia entre eles nem grande sabedoria, nem palavras, nem ensinamentos. Os *Dzules* não vieram senão para mutilar o sol! E os filhos de seus filhos permaneceram entre nós, que deles não recebemos senão amargura.[37]

---

[37] *Apud* Ralph L. Roys. *The Book of Chilam Balam of Chumayel*. Washington, Carnegie Institution, 1933.

Bibliografia Sumária

ADAMS, Richard E.W. *Prehistoric Mesoamerica.* Boston-Toronto, Little, Brown & Co., 1977.

ANDREWS, George F. *Maya Cities: Placemaking and Urbanization.* Norman, University of Oklahoma Press, 1974.

COE, Michael D. *The Maya.* Nova York, Praeger, 1966.

COE, William R. *Tikal, a Handbook of the Ancient Maya Ruins.* Filadélfia, Universidade de Pensilvânia, 1967.

CULBERT, T. Patrick. *The Lost Civilization: The Story of the Classic Maya.* Nova York, Harper and Row, 1974.

GENDROP, Paul. *Arte Prehispánico en Mesoamérica.* México, Trillas, 1970.

_____. *Los estilos Río Bec, Chenes y Puuc en la arquitectura maya.* México, UNAM, 1983.

_____. e Doris HEYDEN. *Architecture mésoaméricaine.* Paris, Berger-Levrault, 1980.

GRAHAM, John A. (org.). *Studies in Ancient Mesoamerica.* Berkeley, Universidade de Califórnia, 1973.

HAMMOND, Norman. *Ancient Maya Civilisation.* Cambridge, Cambridge University Press, 1982.

MARQUINA, Ignácio. *Arquitectura Prehispánica.* México, INAH, 1951.

MORLEY, Sylvanus G. *The Ancient Maya.* Stanford, Stanford University Press, 1956.

PROSKOURIAKOFF, Tatiana. *An Album of Maya Architecture.* Washington, Carnegie Institution, 1946.

_____. *A Study of Maya Classic Sculpture.* Washington, Carnegie Institution, 1950.

RUZ LHUILLIER, Alberto. *La civilización de los antiguos mayas.* México, UNAM, 1963.

_____. (org.). *Estudios de cultura maya.* México, UNAM, 1961-1977, vols.1-10.

STIERLIN, Henri. *Maya, Architecture universelle.* Fribourg, Office du Livre, 1964.

THOMPSON, J. Eric S. *The Rise and Fall of Maya Civilization*. Norman, University of Oklahoma Press, 1954.

_____. *Maya Hieroglyphic Writing*. Norman, University of Oklahoma Press, 1966.

WAUCHOPE, Paul e Gordon WILLEY (orgs.). *Handbook of Middle American Indians*. Austin, University of Texas Press, 1964-1965, vols. -3.

WOLF, Eric R. *Peuples et civilisations de l'Amérique centrale, des origines à nos jours*. Paris, Payot, 1962.

ESTA OBRA FOI COMPOSTA POR TOPTEXTOS EDIÇÕES GRÁFICAS EM
BERKELEY E IMAGO BOOK E IMPRESSA EM PROCESSO SOB DEMANDA PELA UM LIVRO
SOBRE PAPEL OFFSET PARA A EDITORA SCHWARCZ A PARTIR DE 2024

FSC
www.fsc.org
MISTO
Apoiando o manejo florestal responsável
FSC® C128038

A marca FSC® é a garantia de que a madeira utilizada na fabricação do papel deste livro provém de florestas que foram gerenciadas de maneira ambientalmente correta, socialmente justa e economicamente viável, além de outras fontes de origem controlada.